L'AUBE
UN JOURNAL D'INSPIRATION
CHRÉTIENNE DANS LA
TOURMENTE ET L'ESPÉRANCE
DES ANNÉES 1930
— JANVIER 1932 – JUIN 1936 —

©2017 Jean-Michel Cadiot

ISBN: 978-1-925438-01-7   L'Aube 1932-1936   hardback
      978-1-925438-02-4   L'Aube 1932-1936   epub
      978-1-925438-03-1   L'Aube 1932-1936   softcover
      978-1-925438-04-8   L'Aube 1932-1936   pdf

Layout by Extel Solutions, India

FRANCE

www.atffrance.com
ATF France est une empreinte de ATF (Australia) Ltd
PO Box 504
Hindmarsh, SA 5007
Australie
ABN 90 116 359 963
www.atfpress.com
nouveaux horizons

L'AUBE
UN JOURNAL D'INSPIRATION CHRÉTIENNE
DANS LA TOURMENTE ET L'ESPÉRANCE DES
ANNÉES 1930
— JANVIER 1932 – JUIN 1936 —

Introduction et choix de textes par
Jean-Michel Cadiot

FRANCE

2017

INTRODUCTION

En janvier 1932, Francisque Gay, un ancien du Sillon de Marc Sangnier, lance un projet considéré comme irréalisable par la plupart de
ses amis, et qui suscite la moquerie de ses nombreux adversaires :
un quotidien qui serait à la fois chrétien et favorable à la démocratie
et à la République. Ce quotidien sera libre, indépendant de groupes
tant politiques que financiers, donc pauvre. Ce sera le journal de
ses lecteurs. L'abonnement et la souscription seront ses principales
recettes. Il n'aura jamais plus de 15 000 lecteurs, mais il s'imposera
dans presque toutes les revues de presse. Résolument catholique,
il ne critiquera certes jamais de front l'institution ecclésiale. Il faut
dire que la présence de Pie XI à Rome, ce pape qui avait condamné
l'Action française en 1926, est un atout précieux. L'archevêque de
Paris, le cardinal Louis-Ernest Dubois, avait suggéré en 1927 la création de ce journal. Il était trop tôt.

Sans doute le journal ne part pas de rien. Il dispose de locaux,
abrités par la maison d'édition Bloud et Gay, rue Garancière, à
l'ombre de l'église Saint-Sulpice à Paris. Cet hôtel particulier est déjà
une véritable ruche, avec l'activité d'édition, qui sort chaque année
plus de cent titres allant de fresques comme l'*Histoire littéraire du
sentiment religieux* d'Henri Bremond ou les histoires de l'Église de
Mourret, ou encore de Fliche et Martin, à des romans, — y compris
de Montherlant ou de Mauriac — à des poètes comme Marie Noël,
histoires de saints, ou manuels catéchétiques.

Il y a aussi *La Vie catholique*, fondée en 1924. l'année du « cartel des gauches », qui proposait des analyses de catholiques issus de
différents courants : aussi bien des dominicains comme Antonin-
Gilbert Sertillanges, et Marie-Dominique Chenu, l'oratorien Lucien

Laberthonnière, considérés comme progressistes, et ayant maille à partir avec l'institution, que des auteurs prestigieux laïcs comme Paul Claudel, Jacques Maritain, Henri Massis. Cet hebdomadaire, résolument républicain, voulait donner un visage nouveau au catholicisme français.

Cet ouvrage a pour but de faire découvrir, ou renaître certains des meilleurs articles du quotidien *L'aube* d'avant-guerre (1932-1940) dans la période de 1932 à 1936.

L'aube marqua les esprits pendant cette première partie des années trente, d'angoisse, de drames et aussi de folle espérance. Parfois d'insouciance. Un monde s'était écroulé avec la guerre de 1914-1918. Un autre était à construire.

C'était une voix chrétienne, souvent esseulée, celle des « démocrates d'inspiration chrétienne », qui avaient peu d'élus au Parlement, mais réveillaient les consciences. Un journal résolument républicain et indépendant.

De la petite équipe de *L'aube*, cinq furent déportés, et presque tous les autres recherchés par la Gestapo.

Il n'est pas question ici de refaire l'histoire de *L'aube*, œuvre réalisée de façon remarquable par Françoise Mayeur (*L'aube, étude d'un journal d'opinion*, Paris, A. Colin, 1966). Les deux biographies consacrées à Francisque Gay — celle de Maurice Carité (*Francisque Gay le militant*, Paris, Éditions ouvrières, 1966) et la mienne (*Francisque Gay et les démocrates d'inspiration chrétienne*, Paris, Salvator, 2010) traitent longuement de *L'aube*. En outre, le *Bulletin des Amis de Georges Bidault* a publié en 1992 les meilleurs articles du futur président du Conseil national de la Résistance, commentant les événements les plus intenses de cette période tourmentée.

Faire un choix était fort difficile. Il y eut des milliers d'articles ! Nous avons opté pour ceux qui nous ont semblé les plus riches, instructifs, les mieux écrits aussi, sans chercher à « coller » à une actualité bien trop dense. Il s'agit de réunir des textes passionnants, parfois des reportages, montrant ce qu'a été, ce que peut redevenir ce courant de pensée des démocrates d'inspiration chrétienne.

En effet, rarement autant qu'aujourd'hui, et même si tous les gestes du pape François démontrent le contraire, la pensée et l'expression catholiques sont cataloguées « réactionnaires ». Le rôle de chrétiens dans les révolutions de 1789 ou surtout dans celle de 1848 (Lamartine, Lammenais, Lacordaire, etc..), et même Ozanam ou le Sillon de Marc Sangnier. Rien n'y fait. L'aventure de *L'aube*, journal des démocrates d'inspiration chrétienne, conçu et dirigé par des laïcs, celle des journaux dominicains comme *Sept*, et après-guerre les orientations souvent audacieuses des journaux du groupe La Vie catholique ou de Bayard Presse, la presse jésuite aussi, n'ont pas non plus changé la règle, ce présupposé.

Pourtant, lorsque Francisque Gay a lancé, début 1932, ce projet improbable, le but était bien d'accompagner les chrétiens dans les tumultes d'une société en plein mouvement, dans les combats politiques les plus vifs ; dans la tourmente internationale terrible, puisque les années 1930 furent celles de la montée, de l'avènement et de l'expansion du nazisme, des guerres d'Éthiopie et d'Espagne, de Chine, de même que du déclenchement de la deuxième guerre mondiale. Il s'agissait de libérer les chrétiens du conservatisme et notamment de l'emprise maurassienne qui persistait malgré la condamnation en 1926 de l'Action française par le pape Pie XI, de les éclairer, de leur apporter la « conscience et la responsabilité », les deux mots d'ordre du Sillon.

Autour de Francisque Gay et de Gaston Tessier, secrétaire général de la CFTC (qui restera quelques mois codirecteur), des personnalités s'engagent : Marc Sangnier, bien sûr, même s'il écrira peu, Marius Gonin, fondateur des Semaines sociales Edmond Bloud, le député-maire de Neuilly, président des éditions Bloud et Gay, le prêtre italien Luigi Sturzo, fondateur du Parti populaire italien, la figure chrétienne de l'antifascisme, le diplomate Wladimir d'Ormesson, le futur président René Coty — qui écrivit en janvier 1933 un article dénonçant le « péril » que constituait « la concentration industrielle et financière de la presse » — la germaniste Jeanne Ancelet-Hustache, les philosophes Julien Benda — penseur atypique, pourfendeur des « clercs », que nous découvrons militant chrétien —, qui écrira le plus à *L'aube*, Maurice Blondel, le philosophe de l'« action », Paul Archambault, Jean Lacroix (qui obtient qu'Emmanuel Mounier écrive dans *L'aube*), mais encore Raymond Aron. Il y eut aussi les signatures, rares, d'intellectuels et écrivains comme Paul Valéry, Paul Claudel, et les responsables et militants des partis d'inspiration chrétienne, la Jeune République et le Parti démocrate-populaire parmi lesquels, entre 1932, Maurice Lacroix, Robert Champetiers de Ribes,

Raymond-Laurent, Maurice Schumann, Pierre-Henri Teitgen, François de Menthon, Ernesy Pezet.

En 1933, un certain colonel de Gaulle s'y exprima. De Gaulle avait
parmi les collaborateurs réguliers de L'aube deux fidèles : André
Lecomte et Philippe Serre, tous deux de la Jeune République.

Hubert Beuve-Méry, futur fondateur du *Monde*, depuis Prague,
écrira pour *L'aube* et avant et après la capitulation de Munich.

L'aube voguait souvent à contre-courant, prenait des positions
courageuses, et disposait d'une « plume », Georges Bidault, dont
l'opinion, chaque matin, était citée dans les revues de presse et ani-
mait les débats parlementaires. Il y a aussi les autres « piliers » du
journal : Louis Terrenoire, syndicaliste chrétien lyonnais, Georges
Hourdin, Joseph Folliet, Pierre Corval, Jeanne Durand, Pierre-Louis
Falaize, Jean Richard, Jean Pochard, Jeanne Ancelet-Hustache, Pau-
line Le Cormier, Jean Dannenmüller, Cécile de Corlieu, Jean Morien-
val, Maurice Brillant, Maurice Carité.

L'aube, si l'on peut dire, a eu de la chance. 1932 est une année faste
pour le journalisme, et plus encore, hélas, les années suivantes. 1932,
c'est la mort d'Aristide Briand, l'homme de l'apaisement religieux et
des accords de Locarno, que vénérait particulièrement *L'aube*, qui
le soutint à la présidentielle de 1932, remportée par Albert Lebrun.
Puis vinrent l'assassinat de Paul Doumer et des élections où la gauche
dite « modérée », radicale, l'emporta. Édouard Herriot, l'homme du
« cartel » de 1924, revient au pouvoir. À deux reprises, il donne un
entretien à *L'aube*, et y exprime son souhait de travailler avec les
chrétiens, et assure même préférer les « forces spirituelles aux forces
matérielles ».

1933, ce fut la victoire du nazisme, et *L'aube*, qui était très lucide
sur le péril nazi et les ambiguïtés du Zentrum, avec des correspon-
dants en Allemagne, s'engage immédiatement auprès des persécutés,
tout particulièrement les juifs et es chrétiens. Dans ces années qui
précédèrent la seconde guerre mondiale, l'aube prit parti. Il défendit
avec fougue la République, menacée en février 1934, fit bon accueil
au Front populaire en 1936, soutint les avancées sociales, sans se
rallier. Il accordait le « préjugé favorable » aux différents gouvernements. C'était la marque de fabrique. Mais en maintenant toujours
ses exigences. Sans compromission, jamais.

L'aube a eu de la chance ? Pas totalement. 1932 marque également le début de l'explosion du chômage en France, les DENS (demandes d'emploi non satisfaites) passant de 63 à 527 000 de 1931 à 1936... Ainsi ce début des années 1930 est-il celui des années de crise non seulement politique, mais sociale et financière. Cette situation n'était, en elle-même, pas propice à la création d'un journal.

L'aube était un journal estimé pour ses articles de politique étrangère. Elle défendit l'Éthiopie envahie par l'Italie fasciste, et la République espagnole, tout en condamnant véhémentement les crimes commis contre les prêtres. Des positions vivement critiquées dans différents milieux au Vatican. Des positions souvent décriées par les deux camps espagnols. Mais l'aube tint bon.

Chrétien, « catholique d'abord » comme le dit dans un grand article Francisque Gay, en réponse à une campagne maurassienne (« Politique d'abord ») qui l'accusait d'être communiste, *L'aube* a bénéficié du soutien du pape Pie XI. Ce soutien ne se démentit pas, mais néanmoins l'institution catholique, des évêques français, certains milieux du Vatican reprochaient à l'aube son progressisme.

Outre une revisite d'une période historique aussi essentielle, outre une redécouverte d'une famille de pensée, qui a tant compté dans notre démocratie, puisse cet ouvrage faire admirer aussi des talents littéraires ou journalistiques, des « plumes » qui sont l'honneur du journalisme d'opinion.

En 2017, le nationalisme qui a brisé l'espoir et la démocratie dans les années 1930, et contre lequel *L'aube* a combattu avec tant de fougue, non seulement n'a pas disparu, mais renaît de façon inquiétante en Europe, comme dans les Amériques, comme en Asie.

Jean-Michel Cadiot

ANNÉE 1932

N° 1 — 20 JANVIER 1932

L'aube paraît

Nous étions bien nombreux, en France, et depuis bien longtemps, à former le rêve d'un journal quotidien, auquel nous souhaitions un si grand nombre de qualités que nous avions fini par nous demander s'il pourrait paraître jamais.

Nous voulions un journal assez libre d'allures pour étudier les problèmes de notre temps sans préjugés, soutenir les idées justes sans se préoccuper de savoir quel parti les prône ou les repousse.

Nous voulions un journal qui poursuive une politique sociale humaine et généreuse, sans se croire tenu aux surenchères, sans craindre l'hostilité des égoïsmes puissants et des intérêts masqués et rapaces.

Nous voulions un journal qui défende la cause de la paix sans rien compromettre de l'avenir de notre France, sans rien négliger de ce qui prépare un avenir plus fraternel entre les hommes.

Nous voulions un journal qui, mettant enfin chaque chose à sa vraie place, accorde moins d'importance aux faits divers quotidiens, fussent-ils sensationnels qu'aux mouvements des forces profondes qui cheminent et que nous avons le devoir de connaître, de comprendre, de diriger.

Un tel journal se privait d'avance et délibérément de bien des concours dont il paraît difficile à la presse de se passer.

Pas de grosses subventions à attendre, car nous ne voulons servir aucun intérêt particulier.

Certain argent, même donné, surtout donné, coûte trop cher. Pas de recours aux budgets de silence, car le silence est souvent une complicité. Malgré tant d'obstacles, pouvait-on réussir ? À maintes reprises, des projets ont été ébauchés.

Nous préparions des programmes. Ils étaient magnifiques. Nous dressions des bilans. Ils étaient décevants.

Et voici qu'un petit groupe d'hommes se lève. Ils savent les difficultés de la tâche. Ils l'ont mesurée. Ils l'ont calculée. Cependant, ils partent.

Ils savent qu'il y a d'autres ressources dans notre pays que les ressources que distribuent les officines de publicité financière.

Ils savent qu'il y a d'autres trésors que ceux dont disposent les banques.

Ils ont confiance dans l'ardente sympathie de ces milliers de Français qui cherchent de bonne foi la vérité, qui réclament la lumière, et qui s'inquiètent des étonnants silences de tant de feuilles dont ils ne devinent pas les intentions véritables, faute de connaître les véritables commanditaires.

Ces hommes qui vont tenter l'aventure ont raison.

S'ils échouent, la faute en serait non pas à leur imprudence, mais à notre insouciance, à notre lâcheté.

À vous tous qui lirez ce premier numéro, je ne demande pas de croire par avance que le nouveau journal qu'on vous présente réalisera tous vos espoirs.

Faites du moins l'effort de le suivre ; avant de le juger, acceptez de le lire.

Sur l'horizon tout embrumé de nuées grises, l'aube se lève…

Accueillez-la comme un espoir.

Philippe De Las-Cases

N° 4 — 2 MARS 1932

Le vote des femmes
Les Françaises voteront-elles bientôt ?
On cessait d'y compter quand, brusquement, le 12 février, une Chambre réduite, mais unanime, incorpora à son projet de réforme électorale l'électorat et l'éligibilité des femmes.

Reprise d'espoir. Mais il y avait, il y a le Sénat…

Le Sénat qui, dans sa séance de vendredi dernier, enterra fort prestement — « sans fleurs ni couronnes », selon le mot du rapporteur, M. Chéron — tout l'essentiel de la réforme, y compris l'article concernant nos concitoyennes. Renvoi dudit article à la Commission – ce qui risquait d'être aussi une manière d'enterrement.

Mais les féministes du Luxembourg (ils sont quatre-vingts) veillaient. Et par l'entremise de M. Louis Martin, porte-parole habituel de la cause suffragiste au sein de l'auguste assemblée, ils obtinrent qu'une date fût fixée pour la mise en discussion : le 15 mars, on entamera le débat.

Sera-t-il aussi long et aussi âpre qu'en 1922 où, pour la dernière fois, le Sénat daigna s'occuper du vote des femmes ?

J'ai retrouvé au fond d'un tiroir le numéro du Journal officiel qui relate le détail de ces quatre séances. Un peu poussiéreux, un peu jauni, mais solide en encore : le papier sur lequel la République imprime les délibérations de ses élus est de bonne qualité. De meilleure qualité que certaines de leurs argumentations.

J'ai relu les courageux et plantureux plaidoyers qui, en faveur de notre sexe, et des droits à lui concéder, explorèrent, avec une conscience digne d'un meilleur sort, le temps et l'espace. Peine perdue ! La victoire alla au burlesque réquisitoire des misogynes.

La terre a tourné, depuis dix ans. Là où les femmes n'avaient pas encore leurs droits politiques, elles les ont obtenus. Là où on ne les leur avait pas concédés, d'abord que timidement, avec des restrictions, ils ont été à la mesure que le temps passait et que l'expérience produisait ses effets, étendus, élargis. Dans les pays latins comme ailleurs. La France, si longtemps à l'avant-garde, si fière de frayer les voies, acceptera-t-elle donc indéfiniment de faire sur ce point figure de retardataire à la face du monde.

« Et si les autres font des bêtises, faut-il donc les imiter ? », a lancé vendredi au Sénat une voix hostile. « Vous devriez souhaiter que le débat ne vienne jamais, vous êtes sûrs d'être battus ! »

Vraisemblablement, la bataille du 15 mars sera chaude. Vous allez voir que, comme il y a dix ans, ces messieurs vont encore se refuser : « Hommes, à jouer la race, citoyens à jouer la famille, républicains à jouer la philosophie, la forme même de la République ! »

[…]

Enchaînez les femmes au foyer, interdisez-leur le travail au dehors, écrivait récemment dans Le Matin, le professeur Richet ; refusons-leur le bulletin de vote, achèvent les sénateurs ; et les foyers seront heureux, et les foyers redeviendront peuplés. [...]

Quant à la République, ce sont de pauvres républicains, n'est-ce pas ? Que ceux que fascine la crainte de l'influence de la chaire ou du confessionnal sur les électrices, de pauvres républicains que ceux qui estiment qu'un suffrage purement masculin puisieux. L'État français s'abstiendra-t-il encore longtemps à rester célibataire ? Tant pis pour lui ! Il y a du travail pour tout le monde dans la Cité. Ce ne serait pas trop d'être deux, chaque sexe, avec ses vues propres, et ses dons complémentaires, pour s'employer à y maintenir l'ordre et à y ramener la prospérité. [...]

N'empêche — nous pouvons bien en convenir tout bas — que les sénateurs antisuffragistes n'ont pas tout à fait tort : beaucoup de Françaises se désintéressent encore de la politique.

Peut-être parce que les hommes la leur montrent trop souvent sous le jour disgracieux des discussions oiseuses, des querelles, des paroles et de certaine cuisine qui n'a rien à voir avec l'élaboration du menu quotidien ?

La politique, pourtant, c'est l'aménagement de la société où vivront demain les enfants que nous berçons aujourd'hui sur nos genoux. C'est le regard sur l'école, la rue, la caserne, l'hôpital, l'usine et l'atelier. C'est la paix ou la guerre et tout ce qui y mène. C'est la moralité, l'hygiène, l'assistance aux déshérités, la protection des faibles.

La politique, c'est un devoir. Pas plus amusant que bien d'autres, certes ! Mais tout aussi formel.

Paulette Le Cormier

N° 6 — 4 MARS 1932

Les cent mille visages de l'écran

Le cinéma est à peine né avant ce siècle-ci, qu'il a envahi de tous ses prestiges. Dans l'histoire, notre époque pourrait bien s'appeler le siècle du cinéma. L'écran constitue tout un monde, avec de multiples continents, et des îles, et des îlots, où il reste d'ailleurs pas mal à découvrir à de nouveaux capitaines Cook. Il y a l'empire du cinéma-spectacles, avec le film documentaire, drôle ou dramatique, où un grand nombre de contemporains va chercher l'initiation à la littérature, à la géographie, au sentiment, et un dérivatif à leurs préoccupations. Il y a le cinéma éducateur, et il y a le sentiment d'enseignement, assez proches et cependant divers, ayant pour but tous deux de fournir des images stables et animées de leçons à apprendre. Il y a le cinéma scientifique, qui est autre chose encore, etc.

Il faut suivre l'activité fébrile qui se déploie autour de l'écran, et qui gouverne bon gré mal gré les connaissances et la sensibilité du grand nombre. La France est peut-être un des pays du monde très civilisé où l'on va le moins au cinéma ; et cependant l'on y va beaucoup. Paris a une trentaine d'immenses salles où toute la journée passent des foules de spectateurs, et en outre une centaine de salles de quartier, souvent spacieuses et très fréquentées. Les grandes villes de France ont des salles de cinéma nombreuses et vastes ; il reste peu de sous-préfectures qui n'aient le ou les siens. Le Pathé-Rural a permis au cinéma de gagner la campagne : sans quoi, hélas, il est bien à craindre que la campagne serait allée au cinéma !

Sans fournir de pâture à ce Gargantua, il a fallu industrialiser l'art et l'intelligence. L'intelligence, qui ne se laisse pas si aisément dominer, a souvent préféré prendre la fuite. L'art est demeuré, qui souvent n'était qu'une technique. De là l'étonnement, et parfois l'incompréhension de personnes cultivées devant l'écran, quand, n'ayant pas l'habitude de voir des films, elles vont au cinéma par hasard. Il leur manque une initiation, mais on doit dire aussi que l'écran n'est pas encore absolument en règle avec l'esthétique. Tout le monde n'est pas d'accord sur ce point ; mais dans tout ce monde figurent surtout ceux qui s'imaginent qu'avant le cinéma, il n'y avait rien ; pas même l'homme, qui n'aurait commencé à vivre, selon eux, que quand il a vu bouger des images. Ne soyons pas si naïfs. Le cinéma, pour nous, doit se réaccorder à l'intelligence, à la culture, à l'humanisme. Il le fera nécessairement quand il aura pris une pleine connaissance de ses services et de ses moyens.

Cela voudra-t-il dire qu'il n'y aura plus sur les écrans que des chefs-d'œuvre ? Hé ! Quelle autre illusion ce serait ! N'y a-t-il plus de mauvais poètes et d'exécrables peintres ? La fausse vocation naît de l'éternel orgueil ; mais la demi-vocation est utile pour nous donner des amateurs d'un goût cultivé. En outre, puisque la moyenne de l'humanité se plaît aux œuvres médiocres, comment ne lui en donnerait-on pas ? Enfin, l'effort vers le chef-d'œuvre est si âpre que l'on conçoit qu'il reste souvent à mi-côte.

Ce qu'on a réalisé aujourd'hui, pour n'être point l'idéal, n'en suffit pas moins à passionner les foules comme nous l'avons vu. N'y a-t-il pas un intérêt très vif, par exemple, dans la *Tragédie de la Mine*, le grand film de Pabts ; où nous voyons un village minier, la mine elle-même dans ses profondeurs, un incendie qui surprend les ouvriers, les tentatives de sauvetage auxquelles viennent s'associer, comme ils firent réellement à Courières, des mineurs allemands ? Il y a là des images poignantes, qu'aucun art ne pourrait nous montrer avec cette intensité et cette réalité.

Moins parfait, assurément, *Ceux du Viking* nous donne d'admirables images des mers du pôle. Une partie du film fut tournée par Varick Frissel, qui mourut victime de son courage au cours d'une expédition cinégraphique dans les glaces. On a utilisé ce qu'il avait obtenu avant de mourir, en le complétant d'une histoire assez inutile de rivalité. Encore cette rivalité, notons-le, se transforme noblement en fraternité dans l'extrême péril commun, ce que nous avions vu déjà dans la *Tragédie des Mines*. L'anecdote cependant n'ajoute pas grand-chose au film qui ne serait que plus émouvant s'il n'avait à présenter que l'immensité des glaces et le souffle de la tempête qui par moment soulève une étouffante poussière blanche.

Ces deux films sont assurément parmi ceux que l'on peut conseiller de voir à l'heure présente. Ils sont émouvants, et ils augmentent la somme de nos connaissances.

Un autre domaine du cinéma, qui n'est pas le moindre, est le journal filmé. Nous en possédons trois ou quatre dont le mélange, plus ou moins dosé, compose les Actualités, que toute salle de cinéma a le devoir de présenter. À Paris, il existe en outre plusieurs salles exclusivement consacrées aux journaux filmés. Cette actualité rendue visible est évidemment d'un gros attrait. Elle est souvent plus pittoresque qu'instructive, mais elle possède l'avantage de nous faire voir ce que l'imprimé ne peut décrire. Tout comme leurs confrères sur papier, les journaux sur pellicule sont parfois tendancieux. Hélas, aux images doit parfois s'ajouter un texte parlé, et la parole au cinéma, toujours pompière, est parfois faite pour déguiser les bonnes pensées... Les Actualités ne doivent pas être vues sans esprit critique.

Quant à remplacer l'imprimé, comme on l'a dit parfois, à d'autres ! Le cinéma passe trop vite. L'image enfuie, on cherche un souvenir, une explication ; et c'est l'imprimé qui l'apporte. Au cinéma, l'on sent ; devant l'écrit, on pense.

Michel Collinet

N° 9 — 8 MARS 1932

Un homme politique s'en va, sa politique doit continuer
C'est avec une émotion profonde que nous nous inclinons sur sa dépouille.

En dépit des divergences qui pouvaient exister entre lui et nous, comme oublierions-nous en effet qu'il fut, avant-guerre, l'apôtre courageux de l'apaisement des luttes religieuses et, depuis la guerre, l'ouvrier tenace de la paix internationale.

L'Apaisement, la Paix : deux aspects d'une même grande idée. C'est celle qui fait l'unité de cette magnifique carrière.

En 1905, Aristide Briand est le rapporteur de la Séparation des Églises et de l'État. Mais seize ans plus tard, en 1921, c'est lui qui prend l'initiative de rétablir les relations entre la France et le Saint-Siège.

Briand était, sans nul doute, animé d'un esprit libéral. Cet esprit, il avait essayé de le faire passer dans la loi de Séparation. Malheureusement, celle-ci fut viciée dès l'origine, le gouvernement ayant négligé systématiquement de causer avec le Pape.

Quelques années pus tard, pour la première fois président du Conseil, M. Briand faisait un nouvel effort pour imprégner de cet esprit l'ensemble de la politique française ; « Nous voulons être, disait-il, à Périgueux, un gouvernement de détente pour tous les citoyens. Le secret de nos efforts, ce sera de faire aimer la République ».

Il fallait à M. Briand un incontestable courage pour tenir ce langage devant une majorité parlementaire où, hélas ! la fièvre des luttes religieuses n'était pas encore tombée.

Il en fallait aussi, au lendemain de la guerre, pour faire entendre de tous, en France et ailleurs, certaines idées fondamentales concernant l'organisation de la paix internationale et européenne.

C'est le courage qui lui valut « l'abominable campagne d'injures, de calomnies, voire de menaces criminelles » que stigmatisait l'un des futurs directeurs de l'aube, dans la lettre publique qu'il adressait à M. Briand, le 15 juin 1931, au lendemain du retentissant discours de Gourdon.

La plume de Francisque Gay vibrait d'une généreuse indignation à l'idée que les catholiques de France auraient pu, un moment, apparaître si peu que ce fût, complices de cette campagne.

Mais la parole du Nonce apostolique avait déjà vengé l'homme d'État calomnié et coupé court à une dangereuse équivoque. Quelques semaines après les Accords de Locarno, si injustement décriés dans la presse nationaliste, le Nonce avait célébré en effet « l'œuvre magique de Locarno » et s'était pu à rendre publiquement hommage, parmi tous « les bons ouvriers de la paix » à celui qui, disait le cardinal Ceretti, vont « nos sentiments unanimes d'admiration et de reconnaissance pour une tâche qui est, à plus d'un titre, la sienne propre ».

Comment nier, d'ailleurs, qu'il y eût concordance entre les grandes lignes de la politique extérieure de Briand et les directions internationales de la Papauté ?

… Il nous est arrivé plus d'une fois, avant ou depuis la guerre, d'entendre M. Briand à la tribune de la Chambre tandis que de sa voix grave, profonde, aux inflexions si musicales, il cherchait à persuader un auditoire particulièrement difficile et souvent rebelle. Mais l'orateur avait le don de la persuasion.

Et puis, nous l'avons retrouvé, dans l'intimité d'un petit port normand où il prenait un peu de repos. Il revenait d'une âpre et grisante promenade en haute mer. Et, dans son clair regard, il y avait comme un reflet des larges horizons sur lesquels ses yeux s'étaient longtemps reposés.

… En politique également, M. Briand aimait les larges horizons, devant lesquels s'apaisent plus aisément les querelles des hommes…

Georges Hoog

N° 13 — 12 MARS 1932

Aristide Briand et la pacification religieuse

« Vous êtes un socialiste papalin... » C'est en ces termes que Clemenceau, à la Chambre des députés, interrompait un jour Aristide Briand pendant les débats de la loi de Séparation. Élu par hasard, sinon par surprise, membre de la Commission, puis rapporteur, Briand avait étonné la majorité en déclarant qu'il souhaitait un « effort de libéralisme » et qu'il avait eu « l'unique souci de faciliter sans brutalité et sans heurt le passage du régime actuel au régime nouveau ». Tels souvenirs, publiés naguère, ont montré qu'il s'était attaché à recueillir l'opinion de croyants sincères, clercs ou laïques, sur les modalités susceptibles de tranquilliser les consciences.

Rien ne peut corriger l'erreur initiale, qui était dans la séparation décidée unilatéralement et d'une manière injurieuse pour le Saint-Siège. Faute d'avoir recueilli l'opinion et d'avoir obtenu l'assentiment de celui-ci, le législateur élabora un texte qui laisse peser des menaces de schisme, et que Pie X condamna solennellement.

C'est donc en vain que la loi du 9 décembre 1905 présentait dans son article 4, respecter « les règles d'organisation générale du culte », mais quand, devant la résistance des catholiques, le pouvoir civil dut venir à la commission, M. Briand fit voter les lois des 2 janvier et 28 mars 1907, qui rendirent possible, en dehors des formes interdites par le Pape, la continuation des cérémonies religieuses et assurèrent au clergé, comme aux fidèles, la jouissance des églises.

Par un singulier retour du destin, ce fut à Briand qu'il échut, après la guerre, de réaliser la reprise ds relations diplomatiques avec le Saint-Siège. Le ministère Millerand avait déposé, le 11 mars 1920, un projet de loi dans ce sens ; le 30 novembre, M. Briand, alors simple député intervenait dans le débat en déclarant qu'il voterait les crédits, parce qu'il estimait nécessaire que la France fût représentée en tout endroit où se discutent les grands problèmes internationaux.

Redevenu pour la sixième fois, le 7 janvier 1921, président du Conseil, M. Briand affirmait, dans sa déclaration ministérielle, et dans un discours à la Chambre, le 20 janvier, la volonté de rétablir l'ambassade. Par décret du 18 mai, il nommait ambassadeur extraordinaire près le Saint-Siège M. C. Jonnart, sénateur du Pas-de-Calais. Deux jours plus tard, la nomination de Mgr Ceretti comme nonce à

Paris était officiellement communiquée. Le Sénat, qui avait quelque résistance, se décidait, en décembre, à accorder les crédits nécessaires.

Sous le régime du cartel des gauches, M. Briand ne craignit pas de se séparer nettement du cabinet Herriot en prononçant, à la Chambre, le 22 janvier 1925, un beau discours pour le maintien de l'ambassade. Dans l'intervalle, l'Encyclique *Maximam gravissimamque*, du 18 janvier 1924, avait permis et demandé « au moins à titre d'essai », la constitution d'associations diocésaines, la constatation ayant été faite que la jurisprudence du Conseil d'État, depuis près de vingt ans, interprétait la loi de Séparation dans un sens conforme aux exigences de la discipline catholique. M. Briand aurait voulu que les associations diocésaines puissent entrer en possession de certains biens provenant des anciens établissements publics du culte et qui n'avaient pas encore été aliénés. Ses successeurs n'ont pas cru devoir tenir les engagements qu'il avait pris à cet égard.

Aussi, l'homme de la Séparation voulut être l'homme de la pacification religieuse. Briand avait compris la grandeur du catholicisme et la place que celui-ci tient dans la destinée française.

Gaston Tessier

N° 18 — VENDREDI 15 MARS 1932

Lettre de Berlin

[…]

La condamnation du mouvement hitlérien par les évêques allemands a porté ses fruits, c'est une constatation que les résultats de l'élection permettent de faire. Les nationalistes de chez nous qui ne peuvent supporter que l'Église rappelle aux catholiques français leur devoir d'amour chrétien et de modération pacifique trouvent sans doute fort bon que le hitlérisme ait été condamné, quoique Hitler soit catholique. En ces jours, les évêques allemands sauvent leur pays en arrachant leurs fidèles à de nouveaux barbares. Ne pouvons-nous pas en France être aussi soumis que nos frères d'Allemagne ? À ce point de vue, l'élection du 13 mars doit être pour nous nous une leçon, en même temps qu'une espérance.

A. H. D Savantier

N° 49 — 23 AVRIL 1932

L'Église et la paix

[....]

De même que les élections allemandes, nos prochaines élections auront une haute signification dont nul ne saurait nier la valeur. Il s'agit de savoir, non pas si l'on veut la Paix — tout le monde la veut —, mais si, pour l'assumer, on acceptera les méthodes de collaboration internationale, d'arbitrage, de désarmement que Benoît XV, nous proposait en termes très explicites, avant même qu'existât la Société des Nations, dans sa note du 1er août 1917, aux chefs des peuples belligérants, méthode que Pie XI ne cesse de proposer inlassablement à la bonne volonté des gouvernements et des hommes.

Les catholiques ont, à n'en point douter, un grand devoir à remplir. Ils doivent être des témoins de leur foi, et, pour eux, « la manière de prouver que leur Religion est vraie, comme le disait Pascal, c'est encore de faire désirer qu'elle le soit ». Et comment cela, sinon en faisant éclater aux yeux des hommes, les merveilleuses richesses de Fraternité, de Paix, de hardi progrès social, d'Amour enfin, national et international que contient avec une divine profusion, le christianisme et que notre rôle, à nous, est de faire fructifier pour le bien de tous. Je connais intimement, depuis bien des années déjà, par une expérience quotidienne et vécue, les masses prolétariennes entraînées, hélas ! hors des voies de la religion, par la séduction de prophètes d'erreur, qui se parent souvent, pour les entraîner, d'un idéal faussé, mais dont ils ont dérobé le rayonnement persuasif à la mystique religieuse, et je puis affirmer que le plus souvent, ce qu'ils nous reprochent, dans leur culte contre la réaction sociale, et le nationalisme militariste, ce n'est pas d'être trop chrétien, d'être trop catholique, c'est, au contraire, de ne pas l'être assez.

Marc Sangnier

N° 62 — 8 MAI 1932

L'homme qui faisait honneur à l'homme

« Un homme qui faisait honneur à l'homme », Paul Doumer, Président de la République française, vient, comme naguère quatre de ses fils au front, de tomber au champ du devoir.

À la vente annuelle de notre Association des Écrivains combattants, en faveur de la Caisse des Retraites de l'Association, Paul Doumer, père de quatre combattants morts pour la France, tient à honneur de se rendre. Il veut accomplir un acte de charité sociale et faire, en mémoire de ses fils, un geste symbolique de notre fraternité combattante. Un fou l'attend là et l'abat.

Né sous le signe de la pauvreté, sa vie se déroula sous le signe de l'effort. Il s'éleva patiemment et lentement aux plus hautes cimes du patriarcat par la route austère et rude du devoir.

Son épanouissement d'hommes par la famille lui réserva les plus nobles joies que les plus grandes douleurs achevèrent d'ennoblir et de purifier.

Professeur et exemple vivant de vertu familiale et civique, type accompli de républicain intègre à la rigide droiture et de démocrate à l'âme haute, chef et éducateur de famille modèle, père à la fois douloureux et glorieux, citoyen éminent et simple : tel fut Paul Doumer, Président de la République, enfant du peuple.

Il y a 27 ans, Paul Doumer écrivait son *Livre de mes Fils*.

De 1914 à 1918, quatre de ses fils donnaient leur vie à la Nation. En 1923, Paul Doumer rééditait ce livre. Avec raison : ses préceptes n'avaient-ils pas reçu la tragique épreuve du « Feu » ?

Avec émotion, je le feuillette. Et je lis, au hasard

« Un homme n'est grand que s'il a vu la mort de près et l'a regardée en face, froid et impassible. La pratique des devoirs de famille rend aisé et naturel l'accomplissement des devoirs envers la société, des devoirs du citoyen envers la République.

Quand la lâcheté ou l'immoralité d'un peuple le conduit à distendre les liens familiaux, c'en est fait de lui…

Le Devoir que la raison dicte et que la volonté exécute ne demande d'autre satisfaction que le repos de la conscience. C'est chose de l'âme que les influences extérieures n'atteignent pas.

Sois juste et probe. Sois bon, bienveillant et fraternel… Sois courageux physiquement et moralement. Sache vouloir. Fais ce que dois… »

Ainsi parlait à ses enfants, un père modèle à qui, pour nous, croyants, rien ne manquait que la lumière de la foi. Encore qu'en maintes circonstances, il ait tenu à revendiquer sa qualité de catholique et hautement reconnu les services rendus par l'Église à la cause de la civilisation.

De cette âme cornélienne, ne peut-il être dit, et justement, « si chrétienne elle n'était, elle était digne de l'être. »

Mais comme il aimait écrire : c'est la chose de l'âme. Et nous ajoutons : et le secret de Dieu. Un fait demeure : du *Livre de mes Fils* se dégage comme un parfum de vertus évangéliques. Et cela lui sera compté au Livre de Vie : c'est notre vœu et notre prière.

Le grand citoyen qui, toute sa vie, servit « avec honneur et fidélité » et qui, sur toutes les routes de la vie, marche le front haut, le port noble et presque austère, écrivait, à propos de l'action du moral dans Le Livre de mes fils : « Le moral de l'homme se reflète sur son visage : son caractère fait sa beauté »… Par ce trait, Paul Doumer se définissait et se décrivait. Pour nous, au-dessus de tout, le souci de l'esprit et la préoccupation du moral — pour nous qui ne connaissons qu'une morale pour la vie publique comme pour la vie privée — pour nous, qui plaçons la famille au centre de la vie civique et sociale — pour nous enfin, qui croyons que la République et la Démocratie ont, plus que tous les autres régimes, besoin de vertu — et de vertus —, Paul Doumer, que nous pleurons, associant respectueusement et douloureusement nos larmes, celles de son héroïque épouse qui fut mère admirable, restera le type même du citoyen accompli et un exemple vivant pour la République et la Démocratie !

Il y a un an, de très hautes considérations qui dépassaient la personne de M. Doumer commandaient à d'aucuns — dont je suis — de refuser à l'homme qu'ils admiraient un suffrage politique. Maints et maints, comme moi, se défendaient péniblement de refuser au candidat ce que sa vie d'homme et de citoyen méritait si bien. Ah ! si la suprême magistrature de l'État était seulement un honneur et une récompense, Paul Doumer eût recueilli sans exception la totalité des suffrages. Mais, assuré de l'unanimité de l'estime, il fut entouré de l'unanime respect. Une douleur unanimement éprouvée par toutes les familles françaises rassemble autour de la famille de Paul Doumer, chef de famille et chef d'État, tous les fils de France : au premier rang, les anciens combattants. Et surtout, les Écrivains Anciens combattants. Dont je suis. Que Dieu ait en sa sainte garde Paul Doumer, homme de bien !

Ernest Pezet

N° 84 — 2 JUIN 1932

La chute de M. Brüning

M. Brüning a donné sa démission : c'est un événement d'une portée incalculable. Il n'était pas inattendu : depuis les dernières élections au Landtag de Prusse, la situation devenait pour le gouvernement extrêmement difficile. Cependant, le Chancelier avait encore dernièrement obtenu du Reichstag un vote de confiance : ce n'est pas la majorité parlementaire qui l'a abandonné, c'est le président du Reich. Tous les journaux sont unanimes, au soir de la démission, pour souligner ce fait : le Chancelier part parce qu'il y a entre lui et le maréchal Hindenburg un désaccord profond.

Certains organes de a presse protestent non sans quelque violence contre l'action du chef de l'État et même rappellent la démission forcée de M. Millerand. Il est pourtant bien difficile de rapprocher les deux situations. Il est certain que les dernières mesures de M. Brüning n'avaient pas eu l'assentiment du maréchal, mais peut-être, celui-ci espérait-il qu'elles aideraient à arrêter le flot hitlérien qui paraissait l'inquiéter. Il n'en a rien été. Devant l'échec de ces derniers essais de résistance, ne valait-il pas mieux laisser le peuple allemand maître de ses destinées ? Si tel est le raisonnement du vieux soldat, on peut dire qu'il est meilleur parlementaire que Chancelier. On pourra sans doute chercher — et trouver — bien des raisons de l'attitude du Président du Reich ; ce n'est pas de quoi il s'agit : les faits sont à l'heure actuelle, singulièrement plus importants que leurs causes psychologiques, la retraite de M. Brüning ouvre dans l'histoire de l'Allemagne d'après-guerre une période nouvelle. Il est assez ; nlcurieux de remarquer que l'échec de la combinaison Tardieu-Laval aux dernières élections en France, et celui de Brüning ont peut-être mes mêmes causes : des deux côtés, on a été battu parce qu'on n'a pas voulu, parce qu'on n'a pas osé prendre des décisions. Ce qui a manqué aux gouvernements des deux pays, c'est l'audace.

Le Chancelier l'a souvent dit à ses intimes : il lui fallait un succès extérieur, un succès dans ses relations avec la France ; il l'a cherché, il ne l'a pas trouvé. Dans son entourage, on accuse la France de le lui avoir refusé… On pourrait répondre à M. Brüning qu'il n'a pas pris les mesures nécessaires pour permettre à la France de lui donner ; les manifestations patriotiques, complaisamment approuvées, la construction des croiseurs, certains discours, soit de lui-même, soit de ses collaborateurs ont été fort maladroits.

Il a paru qu'à un moment, on aurait peut-être pu faire quelque chose : on aurait pu essayer d'utiliser l'élan qui, lors du voyage de MM. Laval et Briand à Berlin, poussait une partie du peuple allemand vers nous. Il ne faut rien exagérer, mais il est certain qu'il y eut une espérance et que cette espérance fit place rapidement à une profonde désillusion, très vivement sentie. Une heure passe, dont on aurait pu profiter, mais, il fallait le faire très rapidement, avec un programme très net et surtout un programme très vaste ; ce fut peut-être une erreur de n'avoir cherché un rapprochement que sur le terrain économique, il fallait tenir compte des sentiments des deux peuples, il eût été sans doute plus adroit d'être plus hardi, et plus sentimental. La France comprit aussi qu'une occasion s'offrait qu'on n'a pas su saisir. Les élections dernières ont traduit cette conviction. Mais, chose curieuse et qui montre bien la différence d'esprit entre les deux pays, tandis que d'un côté, on va à la gauche, pour montrer qu'on s'entête dans l'idée qu'on croit bonne, de l'autre on va à droite parce que déjà on a abandonné un espoir qui n'a pas été satisfait.

Si bien qu'à l'heure actuelle, on ne peut que répéter ce que dit presque toute la presse allemande : on ne sait pas, on ne peut pas savoir ce qui demain arrivera ; on prépare Lausanne dans les plus mauvaises conditions possibles, des hommes nouveaux s'apprêtent à se rencontrer pour traiter des questions les plus délicates, sans avoir pour les soutenir, ni une longue expérience, ni la confiance bien établie et confirmée des peuples qu'ils représentent, cependant que la crise se fait de jour en jour plus sévère, et que de Dantzig, des bruits étranges viennent jusqu'à nous... Ne désespérons pas cependant, gardons au fond du cœur l'espoir de voir le monde sortir de ce chaos terrible où il se trouve, mais l'heure est venue pour tous les peuples, de l'énergie, du sang-froid et de l'intelligence.

A. H. D Savantier

N° 118 — 2 JUILLET 1932

Dix minutes avec... le président Herriot

Hier, vers cinq heures, alors qu'il sortait de la Commission des Finances, pour rejoindre les couloirs de la Chambre, le président Herriot traversait Les quatre Colonnes.

Aussitôt, une dizaine de journalistes parlementaires l'approchent, se pressent autour de lui, l'assaillent de questions.

Avec une simplicité, une bonhomie que ses adversaires les plus acharnés ne songent même point à lui contester, le Président répond à tous avec beaucoup de cordialité, mais avec non moins de discrétion.

À vrai dire, il ne nous apporte aucune révélation sensationnelle, mais, en quelques mots heureux, il nous donne une impression d'ensemble sur l'état des négociations. Il demeure résolument optimiste, optimiste par tempérament, par volonté, par conviction.

« Jeudi soir, insiste-t-il, l'accord était fait entre l'Angleterre et la France ».

Et il continue, en exprimant toute sa sympathie pour le Premier Anglais.

En France, on n'a pas été très gentil pour lui, pas très juste non plus.

On voit que M. Herriot tient à appuyer là-dessus. « Mac Donald s'est très bien conduit ».

Mais un confrère déjà la questionne sur le chancelier allemand…

Le Président se borne à se féliciter de la courtoisie de M. Von Papen.

Visiblement, M. Herriot n'est pas disposé à en dire plus, et même quelqu'un l'interrogeant sur les difficultés que le Chancelier rencontre dans son pays, il ajoute avec un peu de brusquerie :

« Cela ne me regarde pas ; j'ai assez d'affaires à surveiller sans m'occuper de la politique intérieure allemande ».

Mais, du groupe des journalistes, une question plus pressante est lancée : « Espérez-vous, Monsieur le Président, que demain l'accord pourra se réaliser ? »

D'un mot plus sec, M. Herriot coupe court :

« En ce moment, nous devons vivre au jour le jour. Ce que je sais, c'est qu'hier, à Lausanne, l'accord était réalisé entre nous et les Anglais. Aujourd'hui, je suis à Paris, samedi à Lausanne, dimanche à Cocherel, lundi je dois être présent à mon banc, à la Chambre… oui, nous sommes obligés de vivre au jour le jour ».

Mais tout naturellement, ce simple calendrier humanise en quelque façon la conversation. On interroge avec une familiarité amicale le Président sur sa santé.

« Maintenant, pour être Président du Conseil, dit l'un, il faut être un athlète ».

Un autre ajoute, encore plus familier ! « Mais comment pouvez-vous supporter une telle existence » ?

« Ça va, ça va même très bien ; je dors de temps en temps quelques heures sur un canapé : deux heures me suffisent. Heureusement, car cela n'a pas été sans influence sur certains débats. Il faut rester confiants, calmes, et dans ces longues et irritantes discussions, garder toute la maîtrise de ses nerfs. On a dit que la délégation française avait un flegme au moins égal au flegme des Anglo-Saxons, et dans la circonstance, c'était un compliment ».

Le Président continue encore avec le même abandon, racontant qu'à Morges, après l'entrevue nocturne que la délégation américaine avait voulue, environnée de silence et de mystère, les Français avaient eu al surprise de se voir acclamés par la population et même harangués par le syndic.

Mais le Président doit rejoindre ses collègues dans les couloirs de la Chambre. Il prend congé, toujours affable, simple, accueillant, il serre quelques mains, fait quelques pas, et pour prendre congé, dit à voix haute sans aucune intonation déplaisante : « Priez pour moi, mes enfants ! »

Comment s'est-il fait qu'en disant ces mots, le Président se trouvait juste en face d'un des directeurs de l'aube et lui tendait la main ?

J'ai aussitôt répondu :

« Vous pouvez compter sur les prières du directeur de *L'aube* et sur celles des lecteurs ».

D'abord un peu surpris, M. Herriot a continué son geste, sa poignée de main est plus cordiale et cordial aussi son merci.

En quittant la Chambre, j'ai résolu de rapporter tout au long cet entretien. Pourquoi nous serait-il interdit de prendre à la lettre cette demande du chef de notre gouvernement ? Pourquoi ne considérerions-nous pas qu'en face des tragiques responsabilités qui pèsent sur ses épaules, le Président du Conseil a retrouvé dans les souvenirs de son enfance ce mot bien conforme à toutes les traditions chrétiennes de notre pays ?

Oui, Monsieur Herriot, la France, comme toutes les grandes nations du monde civilisé, Amérique ou Angleterre, Allemagne ou Italie, la France peut demander à ses croyants de solliciter les secours d'En Haut.

L'humanité, dans sa misère présente, ne peut pas faire fi du concours nécessaire de toutes ses forces sociales ou morales, mais aussi de toutes les forces spirituelles.

Francisque Gay

N° 120 — 7 SEPTEMBRE 1932

Aux femmes

Je rencontrai dans la rue deux dames dont l'une disait à l'autre, juste au moment où je les croisais :

— Germaine vient de s'acheter une belle broche avec deux émeraudes.

Je sais bien que les joailliers ont besoin, eux aussi, d'écouler leur marchandise ; et de faire travailleur leurs employés, cependant j'éprouve toujours une petite impression désagréable quand j'entends des paroles de ce genre sur les lèvres d'une femme.

Il y a tant de choses intéressantes : l'intérieur, le ménage, le prix des choux-fleurs et des tomates, pour celles qui ont la chance d'avoir une vie normale entre leur mari et leurs enfants. Pour les autres, le métier : la petite erreur dans le travail, cette discussion avec le patron ou la collègue, et les vacances qui vont bientôt venir ou qui sont déjà passées. Autre chose, enfin, que la broche de Germaine.

Mais, quelle que soit la tâche de chacune, toujours nécessaire et par là toujours belle, les femmes n'ont pas le droit de se désintéresser de la cité. On rencontre souvent des femmes un journal à la main. J'espère que ce n'est pas seulement pour lire le feuilleton ou les échos mondains ?

Il ne faut pas qu'elles disent que la politique est l'affaire des hommes. La politique, c'est l'affaire du pays, et donc le destin des enfants qui s'annonce, se prépare et se joue.

— Mais, je ne suis pas mariée...

— Mais je n'y comprends rien, à cette politique...

— Lisez *L'aube*. Vous verrez que vous y comprendrez bientôt quelque chose. Les sénateurs bougons vous ont dit que la politique mettrait le désordre dans les ménages. N'en croyez pas un mot. Naguère, on prétendait bien que les études des jeunes filles apporteraient la perturbation dans les familles. Hélas ! Nous avons eu d'autres causes de divorce ! Lequel est le plus agréable pour un mari ? De pouvoir parler avec sa femme des questions qui l'intéressent, y compris la politique, ou de l'entendre lui raconter que « Germaine vient de s'acheter une belle broche avec deux émeraudes... »

Si nous faisions une enquête...

Lisez *L'aube*, Madame, même si c'est votre mari qui s'y est abonné. Je parle pour le plus grand bien de votre ménage.

Jeanne Ancelet-Hustache

N° 139 — 15 NOVEMBRE 1932

Comment se réalisera la « semaine de quarante heures » ?

Vous prétendez nous le révéler !... Se réalisera-t-elle seulement ?... S'il s'agissait de prophétiser, je n'en éprouverais pas l'ambition ! Mais à condition de n'en pas fixer rigoureusement la date, il n'est nullement téméraire d'affirmer le succès de cette réforme : tout l'indique, le sens des événements comme les motifs de raison. Comment se réalisera a semaine de quarante heures ? Pas du tout en vertu des raisonnements. Ils s'affronteraient sans profit. Vous avez dans l'esprit que la semaine de quarante heures est une utopie, une malfaisance, et vous appelez toutes sortes de raison à votre appui. Moi, j'ai dans l'esprit que la semaine de quarante heures est la réalité de demain, un bienfait et je prétends en apporter aussi les raisons. Nos raisons se choqueront dans déplacement appréciable de nos positions, si nous demeurons sur le terrain des démonstrations intellectuelles ; c'est l'idée qui, entre les deux camps, décidera. Notez bien que je n'entends nullement mépriser les raisons, et que, au contraire la force de l'idée victorieuse tient en ce qu'elle a « raison ». Je veux dire simplement qu'en pratique, et sur le terrain du choc, ce ne sont pas les raisons qu'il faut opposer, parce que ce serait vain, mais l'idée qu'il faut élever bien haut.

Voyez de quelle manière les choses peuvent se passer quand l'idée est absente.

Côté ouvrier ? On sait comment, pour Karl Marx, la Machine mise au service du Capital doit presque indéfiniment accroître le nombre des sans-travail ; pour un Péguy, même, l'une des tares du « Monde moderne » est que le travail « s'y refuse » au travailleur ; et

« après plus d'un siècle, l'on peut dire que la mentalité des tisserands, destructeurs de métiers, celle des bateliers qui sabordèrent le premier navire à vapeur, a survécu vivace comme un instinct, sourde comme une machine héréditaire, en l'esprit de tout ouvrier qui voyait un patron réduire, fût-ce momentanément, sa main-d'œuvre, à la mise en service d'une machine nouvelle ».

Et pourtant, la Machine a relevé le niveau général de la civilisation. Et pourtant aussi, l'« instinct » des ouvriers n'était pas tellement faux ; on s'en aperçoit aujourd'hui qu'une crise, produisant des millions de chômeurs, est imputable à l'industrialisation excessive du monde.

Solution de cette antinomie ! L'usage que l'on fait des progrès procurés par la machine : le mode d'emploi qu'inspire une idée. Il a fallu que la machine permît une amélioration du sort des travailleurs qu'on a bien dû arracher — l'histoire du XIXᵉ siècle est là ! — au nom d'une idée sociale ! Et si l'état de vie populaire ne s'était élevé, parce que la justice est entrée en lice, que serait devenue une production sans acheteurs ? Le progrès économique eût-il été possible sans progrès social ?

Côté patron. Très intelligemment, et avec un sens sociable louable, les patrons ont réduit le travail de chacun pour faire la part du pus grand nombre, s'ajustant à la situation économique. Mais quand on leur demande d'organiser une réduction durable, la plupart répondent : « La situation de crise est passagère ; il faudra reprendre. » Pareille réponse sous-entend un retour aux erreurs passées ! L'opinion fautive est de croire à une crise ordinaire, seulement pus violente. Cependant, il y a un fait bien établi : qu'on le nomme surproduction ou sous-consommation, le fait, c'est la disproportion entre la production et le pouvoir d'achat : pour en sortir, il faut que le pouvoir d'achat général augmente ; revenir à une plus forte production sans rendre meilleur le sort de la masse acheteuse, c'est poser à nouveau les facteurs de crise. Le progrès social, chose remarquable, constitue la sauvegarde même du progrès économique. Ainsi que l'écrit le rapporteur général de l'« Association internationale pour le progrès social », le docteur Winter : « L'Association doit se prononcer en faveur de la réduction de la durée du travail, non point seulement pour des raisons dictées par une situation économique momentanée, mais parce que la réduction de la durée du travail doit être considérée comme une conséquence du développement technique de l'après-guerre. Car... le progrès de la technique ne peut avoir un sens quelconque que s'il permet à un pus grand nombre d'individus de naître, de consommer, de mieux vivre, et ceci non seulement parce qu'ils obtiendront une plus grande quantité de produits, mais parce que leur effort de labeur sera diminué. »

... Tant que l'idée ne prévaudra pas, les raisons techniques n'abaisseront pas leur obstacle sur la voie de la semaine de quarante heures. Ce n'est point parce que l'économe le permettrait que se fera la semaine de quarante heures ; que celle-ci se symbolise en un drapeau sur lequel est écrit « Progrès social » : ainsi concentrera-t-elle les forces dont le flux emportera tout obstacle.

Maurice Eblé

N° 136 — 16 NOVEMBRE 1932

Intéressantes déclarations de M. Édouard Herriot à l'un des directeurs de L'aube

À la veille de la réapparition de *L'aube* quotidien, M. Édouard Herriot, président du Conseil, a bien voulu recevoir notre directeur, M. Francisque Gay, auquel il a fait les très intéressantes déclarations qu'on va lire. Elles contribueront, nous n'en doutons pas, à renforcer la confiance que le pays a mise dans le chef du Gouvernement, et faciliteront ainsi une tâche que les circonstances ont rendue exceptionnellement difficile.

Dans son bureau du quai d'Orsay, le président du Conseil me reçoit avec cette bonne grâce, cette simplicité, cette cordialité qui caractérisent sa manière.

Un témoignage en faveur du Nonce

Je tiens d'abord à lui exprimer toute la joie qu'ont éprouvée nos amis en lisant le communiqué si net qu'il adressait à la presse à la suite de l'abominable campagne dirigée contre le doyen du corps diplomatique.

D'un mot, le Président m'interrompt :

— Je n'ai fait que mon devoir. Nous savons avec quel tact, quelle absolue correction, Monseigneur Maglione remplit ses délicates fonctions. C'est un excellent diplomate, bien plus un parfait honnête homme, et puisque nous savions qu'en toute circonstance il avait toujours été un homme de devoir, j'ai pensé que je devais lui rendre un témoignage public.

Du reste, ajoute M Herriot, nous n'avons qu'à nous féliciter de l'attitude du Vatican. J'ai lu avec la plus grande satisfaction l'article que l'*Osservatore Romano* consacrait récemment à ma note sur le désarmement.

Je rappelle au Président que l'organe du Saint-Siège avait même déclaré qu'on retrouvait dans les paroles de M. Herriot comme une transposition fidèle des déclarations de Benoît XV.

— Oui, je m'en souviens parfaitement et j'estime à son prix ce cobcoyrs apporté par le Pape devant l'univers à l'inlassable effort que la France tente en faveur de la Paix.

La paix à l'intérieur comme à l'extérieur
Tout naturellement les souvenirs de M. Herriot se reportent vers une autre époque qui paraît déjà bien lointaine.

— En 1924, dit-il, je me suis trouvé dans une situation toute différente, la presse, les formations électorales, les équipes gouver-nementales, les événements d'Alsace, tout a contribué à multiplier les équivoques, les malentendus. Et cependant, je n'ai jamais cessé de vouloir la concorde et la paix, à l'intérieur comme à l'extérieur. Cette année, au plus fort de la campagne électorale, je me suis refusé à employer le mot de tolérance. Un homme de gouvernement doit respecter toutes les forces spirituelles, pus scrupuleusement encore que toutes les forces matérielles du pays.

Et le Président répète et appuie :

— Les forces spirituelles d'abord : je suis un idéaliste, et il faut avoir un idéal et l'aimer quand on préside aux destinées d'un grand pays. J'ai beaucoup souffert de voit prendre à contresens certaines de mes déclarations. Dans mes discours, dans les écrits, j'ai con-science d'avoir toujours évité avec soin tout ce qui pouvait blesser une conviction sincère. Servir les grands intérêts du pays, voilà ma seule préoccupation. À mon âge, un homme de gouvernement ne peut plus avoir d'autres ambitions.

Faire tout son devoir

Comme je faisais observer discrètement au Président qu'il reste extraordinairement jeune au milieu des charges écrasantes qui pèsent sur lui. Avec bonhomie, il en convient.

— Oui, dans les circonstances présentes, un homme d'État doit jouir d'une rude santé. Aussi bien pour ma part, ajoute-t-il sans acrimonie, à chaque fois que j'ai été appelé au pouvoir, l'horizon paraissait particulièrement chargé. Mais il faut accepter la tâche, telle qu'elle est, sans récrimination inutile et faire tout son devoir.

Tout son devoir, l'accent est devenu plus grave... Rien ni personne ne sauraient m'empêcher d'accomplir tout mon devoir d'homme d'État. À l'intérieur et à l'extérieur, les circonstances nous créent des obligations.

À Genève notamment, je crois que la France a une véritable mission. Dans les grandes rencontres internationales, la clarté, la générosité françaises ont un rôle à jouer, sans que nous n'ayons jamais rien à sacrifier des grands intérêts nationaux dont nous avons la charge.

Pour faciliter l'entente de tous les démocrates, je compte sur le concours de *L'aube*.

Depuis longtemps déjà l'entretien se poursuit sur le même ton confiant et cordial. Mais les instants du Président sont comptés, je veux me retirer. Alors M. Herriot me dit qu'il a suivi notre effort, qu'il souhaite la réussite de notre entreprise. En quelques mots, il revient sur un entretien que nous avions eu aux Quatre Colonnes.

— Oui, pour l'œuvre de concorde à l'intérieur et à l'extérieur que notre génération doit accomplir, l'entente de tous les bons citoyens, de tous les vrais démocrates est nécessaire et je compte sur le concours de *L'aube*.

— Je le dirai à nos lecteurs, Monsieur le Président, et pour cette œuvre, dans cet esprit, je puis vous affirmer que vous pouvez compter sur eux comme sur nous.

Nous nous quittons sur ces derniers mots. Je rentre en hâte à mon bureau, pour rédiger ces notes dans lesquelles je me suis efforcé de rendre fidèlement le ton et l'accent de celui qui m'a si amicalement accueilli.

Francisque Gay

N° 147 — 23 NOVEMBRE 1932

On cause à Genève

Nous traversons vraiment une heure d'extrêmes difficultés internationales. Un long voyage à travers l'Europe orientale vient de nous permettre de constater combien est angoissant le sort de ces régions balkaniques.

Faire les États-Unis d'Europe, c'est peut-être un idéal noble, mais c'est sûrement une extrême nécessité en dehors de laquelle il n'y a pas de salut pour notre vieux continent. Nous avons pu constater, en effet, l'état de désarroi économique et financier qui sévit dans les pays balkaniques et prépare un hiver de misère et de souffrance.

Mais l'Europe n'est pas seule à connaître des difficultés. À l'autre bout du monde, la Chine et le Japon continuent à s'opposer et, malgré les efforts de la Société des Nations, malgré les multiples séances du Conseil, malgré l'envoi d'une commission internationale, malgré le gros effort représenté par le rapport Lytton, il apparaît bien que le conflit de Mandchourie n'est pas encore réglé.

Convient-il cependant de partager le pessimisme d'une certaine presse et d'une certaine fraction de l'opinion publique qui considèrent que rien n'a été fait et, bien plus, a tendance à croire que tout ce qui se fait au Conseil de la Société des Nations est absolument inutile ? Certains vont même jusqu'à dire que les controverses violentes qui, à Genève, dressent l'un contre l'autre le délégué japonais et le délégué chinois sont un exemple déplorable. Qu'il nous soit permis de dire que tel n'est pas notre avis.

Si l'action de Genève n'a pas encore réglé le litige, elle a tout au moins empêché qu'il ne s'étende. On discute beaucoup à Genève, direz-vous ; peut-être... Mais si l'on discutait moins, il est probable que les escarmouches se seraient transformées en bataille. C'est peut-être là le plus grand service rendu jusqu'à ce jour par la Société des Nations. Elle oblige ceux qui ont des intérêts opposés ou des différends à régler à se rencontrer et à causer. Elle permet ainsi de gagner du temps, et gagner du temps lorsque la guerre se faut menaçante, c'est bien souvent gagner la paix.

Jamais, entre 1870 et 1914, un ministre des Affaires étrangères allemand ne s'était rencontré avec un ministre des Affaires étrangères français. Que d'incompréhensions possibles et certaines cela représente ! Et comme nous préférons à cet absolu silence ce que l'on appelle parfois les palabres de Genève.

Certes, les paroles ne suffisent pas pour régler les difficultés internationales et nous ne méconnaissons pas la nécessité d'un travail technique et constructif. Mais, de grâce, que l'on soit plus indulgent pour ceux qui, en causant, en discutant, permettent aux opinions publiques de s'instruire des problèmes, de prendre parti, créant ainsi une conscience internationale dont les gouvernements les plus belliqueux sont bien obligés de tenir compte.

Continuez à discuter, Messieurs les délégués japonais et chinois. Cela donnera le temps, nous l'espérons, au bon sens de reprendre ses droits et d'imposer des solutions pacifiques.

Germaine Malaterre-Sellier
Membre de la délégation française à l'assemblée de la Société des Nations

N° 149 — 1ER DÉCEMBRE 1932

Propos et paradoxes d'Alain

Homme de gauche... pédagogie de droite, dit le « Prière d'insérer » qui signale au public (Rieder, éd., Coll. Europe) les *Propos sur l'éducation* d'Alain : Alain, moraliste subtil, écrivain brillant, mais aussi, comme on sait, éminent professeur. De tels classements sont toujours sujets à caution. Ce qui est vrai, c'est qu'il y a dans le livre de quoi plaire et déplaire à tout le monde. Qu'on en juge par ces quelques thèses que je résume dans l'ordre où elles se présentent :

Contre l'éducation facile et attrayante, Alain prend vivement parti pour l'éducation difficile. Pas de jardin d'enfants ! Pas de « leçons amusantes qui sont comme les suites des jeux » ! « Je ne veux pas trace de sucre... J'aimerais mieux rendre amers les bords d'une coupe de miel. » « Ce qui intéresse n'instruit jamais ». Au surplus, même enfant, l'homme est un animal fier, qui ne demande qu'à gagner et à mériter. Que s'il ne comprend pas tout de suite tout ce qu'il lit et récite, aucun inconvénient : c'est ainsi qu'on se hausse peu à peu à comprendre vraiment et totalement.

Les parents sont en général de mauvais éducateurs, précisément parce qu'ils font intervenir le cœur là où devrait régner seule la force de la nécessité. En ce sens, comme en plusieurs autres, l'école est naturelle et indispensable à l'enfant. Dans cette société faite pour lui, qui a ses conditions et ses lois propres, il apprend à recevoir le juste et le vrai, mesurés à son âge, mais inflexibles, présentés par des maîtres compétents et imperturbables.

Géométrie et poésie : tels sont les deux fondements d'une vraie culture. « La géométrie est la clef de la nature... la poésie est la clef de l'ordre humain. » L'une règle l'esprit sur l'objet, l'autre présente le miroir de l'âme. L'une sans l'autre, c'est trop peu. L'une et l'autre, cela suffit ; et l'une tempère l'autre.

Il n'y a pas à se préoccuper outre mesure de pousser les enfants du peuple bien doués vers les hautes places. « Les bourses ne manquent pas, il n'y a pas de barrage. » Le problème est d'arriver à instruire, à cultiver ceux qui ne veulent pas ou ne peuvent pas comprendre, de mettre en mouvement la multitude des traînards : « Car, selon l'idéal démocratique, une élite qui n'instruit pas le peuple est plus évidemment injuste qu'un riche qui touche ses loyers et ses coupons. » Les Humanités sont bonnes pour tous. Encore faut-il faire que chacun en prenne quelque chose. Lecture, écriture, calcul, dessin, mais enseignés à fond et pratiqués sans cesse, cela est non seulement essentiel, mais suffisant à l'école primaire. Il est absurde de proposer aux enfants des « leçons magistrales », de ces leçons qui tombent sur lui comme la pluie, et qu'il écoute les bras croisés. Poudre jetée aux yeux de l'inspecteur, — l'inspecteur n'est pas loin de représenter aux yeux d'Alain, le grand fléau de l'école —, mais audition stérile pour l'élève. Seul lui profite ce à quoi il a personnellement coopéré : la formule concise qu'il a recopiée avec soin sur son cahier. Et l'écriture est une discipline de tout l'être. « Essayer, faire, refaire, jusqu'à ce que le métier rentre ».

Le vrai maître, loin de se jeter par principe sur la première idée, la dernière découverte, doit remonter en toute chose à la source. Car c'est là qu'apparaissent les principes qui sont seuls font comprendre ; et l'esprit scientifique ne risque pas d'y être écrasé par a masse même de la science. Ce n'est pas Einstein qui doit enseigner la physique aux débutants, mais Archimède et Galilée ; « La culture générale refuse les primeurs et les nouveautés ». Et ce n'est qu'après avoir longtemps imité qu'on peut inventer. Le grec et le latin sont irremplaçables. Il n'y a pas d'« humanités modernes » pour cette raison que le présent ne s'explique et ne se justifie que par le passé. Comme l'a bien vu

Comte, « la coopération dans le présent ne suffit point à définir une société. C'est le lien du passé au présent qui fait une société ». Il y a une humanité. C'est dans Homère, dans Platon, que nous la trouverons sous une forme à la fois authentique et assimilable. Tandis qu' « un Polynésien téléphonant, cela ne fait point un homme ».

La psychologie pseudo-scientifique et la « petite sociologie » (la grande serait celle de Comte, mais de Comte intégral) qui se sont abattues sur l'école ne doivent pas être accueillies sans critiques, ni même sans méfiance. « La sociologie est présentement un fanatisme. » Elle fait admirer la société, comme on a adoré le soleil et la lune. Elle épouvante l'apprenti par la vue de ce grand organisme, dont il n'est qu'une pauvre cellule. Et d'une manière générale tous les pédagogues à bonnets pointus, « à bonnets à sonnettes », sont ici traités sans ménagements.

… J'ai résumé de mon mieux, bien faiblement encore, et je m'aperçois que je n'ai plus de place pour interpréter, juger, conclure. Le lecteur perdra-t-il beaucoup ? Le piquant et l'intéressant, ici, c'est le rapprochement, le choc de ces thèses si diverses dans une même cervelle qui est une grande cervelle (mais cervelle purement cérébrale, si j'ose dire : et l'on y voit à plein le fort et le faible de la chose. Pour le cas à faire de chacune, nous aurons de nombreuses occasions d'y revenir.

Paul Archambault

ANNÉE 1933

N° 191 — 19 JANVIER 1933

Contre la liberté de la presse concentration industrielle et financière, un péril se dessine. Dès longtemps, nous avons vu, en d'autres pays, tel ou tel capitaliste rassembler en ses mains la propriété d'un certain nombre de journaux. Il semble qu'en France, de semblables entreprises soient en voie de réalisation.

Nous nous garderons de juger le dessein ainsi poursuivi ; il est légal, il peut être légitime.

Mais qui n'en voit le danger ?

Ces vastes mouvements de concentration industrielle et financière, dont l'ampleur se développe sans cesse, s'ils s'exerçaient librement sur la presse pourraient bientôt la partager en quelques trusts qui, eux-mêmes, pourraient se coaliser. Ce serait, en particulier dans nos provinces, la fin du journalisme, tel qu'en général nous le connaissons, et l'aimons, du journalisme qui, pour dépendre de certains capitalistes locaux, ne cesse pas d'être le fidèle écho d'une large fraction de l'opinion locale, sous le contrôle de laquelle, par mille liens, les maintient d'un pacte tacite de mutuelle confiance.

Au rédacteur en chef, en relations continues avec ses administrateurs, en contact constant avec les plus représentatifs au moins de ses lecteurs, en famille avec tous ses collaborateurs, se substituerait une direction lointaine, plus ou moins inconnue, qui, sur tel ou tel sujet, imposerait à des rédacteurs devenus des employés, une orientation dont ils dessineraient mal les mobiles véritables. Il leur faudrait se soumettre ou s'en aller. Que compterait un modeste journaliste devant un tout puissant capitaliste ?

Et le propriétaire de nombreux journaux, de quelles influences il pourrait disposer ! Plusieurs journaux, cela compte plus qu'un seul journal dont le tirage unique équivaudrait à leur tirage total. C'est un concert d'éloges ou de critiques, où, seuls, quelques initiés discerneront l'invisible bâton d'un chef d'orchestre […].

Pouvons-nous laisser sur la presse française, quatrième pouvoir de l'État, s'instituer la dictature de l'argent ?

Nous ne sommes, ni là ni ailleurs, à la recherche de l'absolu. Pour supprimer l'influence de l'argent, un seul remède pourrait être radical (en encore ?) : supprimer l'argent, organiser le communisme intégral. Nous préférons un régime social qui, malgré ses injustices et ses abus, nous paraît assurer à la personne humaine le maximum de rendement dans le maximum de liberté. Il reste que le devoir de l'État, chaque fois que le remède ne sera pas pire que le mal, est de mettre des bornes à l'injustice et à l'abus.

René Coty

N° 201 — 31 JANVIER 1933

Vigilance

Voici Adolf Hitler devenu chancelier d'Allemagne. L'aventurier autrichien qui a sonné bien haut, depuis quelques années, le réveil du nationalisme germanique, accède enfin au pouvoir qu'il a brigué parmi tant de péripéties. M. Von Papen est dignement associé avec cette fortune, avec le titre de vice-chancelier.

Gouvernement d'extrême-droite, derrière lequel se profilent, inquiétantes, les plus formidables puissances de réaction : économiques, agrariennes, aristocratiques… En présence de ce défi, quelle peut être la riposte des éléments démocratiques, groupés dans les syndicats des diverses tendances et les partis de gauche ? Un proche avenir le montrera, sans qu'il soit permis de conserver à cet égard de trop grandes illusions, car la dictature hitlérienne promet d'être rude.

L'Allemagne officielle pénètre délibérément dans la voie des aventures. Rien ne dit qu'elle songe à transporter cette agitation sur le plan international. Hitler chancelier n'est sans doute pas un danger direct, immédiat pour les peuples voisins, mais le triomphe du nationalisme allemand, dût-il être provisoire, ne contribuera pas à rassurer les amis de a paix, ni à faciliter le désarmement.

À Genève, pourtant, la Conférence dispose, depuis peu, d'un élément favorable de réelle importance. C'est le nouveau memorandum remis par Sir John Simon, et qui envisage la conclusion, par les puissances du continent européen, d'un accord au terme duquel elles s'engageraient à se venir mutuellement en aide, en cas d'agression non provoquée.

De la part du gouvernement britannique, cette formule indique-t-elle un retour au protocole de 1924, si fâcheusement abandonné ?...

Quoi qu'il en soit, les difficultés ne sauraient nous faire négliger les événements qui se déroulent sur le plan international. Chaque jour qui passe montre davantage, en dépit de certaines apparences contraires, mais toutes passagères, la réalité profonde, inéluctable, de ma solidarité entre les peuples.

M. Édouard Daladier promet d'agir avec vigueur, pour la composition et la direction éventuelle du futur gouvernement français. Nous sommes persuadés qu'il donnerait à notre politique étrangère, le cas échéant, les directives convenables de vigilance et de compréhension, de fermeté et de conciliation, en vue d'organiser définitivement la paix.

Gaston Tessier

N° 212 — 12-13 FÉVRIER 1933

À nos amis démocrates allemands

Au moment où, dans tous les pays, les échos retentissent de votre défaite, nous sera-t-il permis de nous tourner vers vous, et, reprenant une parole célèbre, de vous dire : « honneur au courage malheureux » ?

Ce n'est pas parce que vos adversaires triomphent aujourd'hui que nous méconnaîtrons vos efforts passés et sans doute présents. Chez nous, de bons apôtres qui ne risquent ni leur vie, ni leur liberté, s'étonnent que vous n'agissiez pas plus vite et prétendent que le découragement vous a pris. Mais nous lisons tous les jours les chiffres des morts et nous croyons aux témoins qui se font tuer...

Je vous évoque, amis que je n'ose même plus nommer, de peur de vous compromettre parmi les vôtres, mornes et e cœur serré, devant cet inévitable qu'ensemble nous avions tant redouté...

Je me souviens si bien de ce que vous disiez naguère, à l'issue de ces réunions publiques où la faim et l'humiliation mettaient un masque de fureur sur les mille visages de la foule... Le bateau faisait eau de toutes parts, et vous nous criiez : « Le temps presse, aidez-nous... Aidez-nous vite... » Je pense à cette mère allemande qui suppliait depuis deux ans bientôt : « Dépêchez-vous avant qu'il ne soit trop tard... Je ne peux plus retenir mes fils... »

Ceux de vous auxquels je songe sont trop généreux pour nous adresser le moindre reproche, mais c'est à nous de faire notre examen de conscience : nous sommes-nous assez dépêchés ? Quand vous criiez au secours, combien de nos compatriotes vous ont-ils répondu ? Vous cherchiez avec empressement les mains trop rares qui se tendaient, et quand vous les aviez trouvées, non seulement vous les serriez joyeusement, mais vous les signaliez autour de vous pour que les autres, eux aussi reprennent confiance...

Y en eut-il assez, de ces mains tendues ? Avons-nous fait notre possible pour empêcher ce qui est arrivé ? N'avons-nous pas laissé passer le moment favorable ?

[...]

Nous ne laisserons pas les pêcheurs en eau trouble profiter de l'excellente occasion pour dire qu'il n'y a plus rien à faire et que tout est perdu. Nous tiendrons bon, contre tous les vents contraires, d'où qu'ils soufflent.

Rien n'est perdu tant que la foi demeure.

Jeanne Ancelet-Hustache

N° 226 — 1er MARS 1933

Visites au Reichstag

Un événement comme l'incendie du Reichstag, survenant cinq jours avant des élections générales, est bien propre à surexciter les passions politiques ; il sert déjà de prétexte à des mesures qui, dirigées contre l'opposition de gauche, dessinent les premiers aspects d'une formidable dictature.

Ce dramatique épisode aura-t-il pour effet de retarder ou d'accélérer la guerre civile, dont quelques bons observateurs ont aperçu, en Allemagne, ces temps-ci de redoutables prodromes ? Nous serions fixés à bref délai : la proclamation de l'« état d'exception », la mise hors la loi, non seulement des communistes, mais des socialistes, auxquels est interdite pendant quinze jours, donc jusqu'après la clôture de la campagne électorale, toute activité de propagande, montrent bien que les détenteurs du pouvoir ne tiennent pas leur règne pour assuré.

Nous revoyons par la pensée, au Reichstag, cette immense salle des Pas Perdus, dans laquelle, nous disent les dépêches, la colossale statue de Guillaume Ier, laissée intacte par la révolution, est maintenant noircie de fumée ; par contre, la gigantesque bannière républicaine, noir, rouge et or, accrochée là, jadis par ordre de Scheidemann, et que Goering voulait faire enlever, n'a pas souffert de l'incendie. Double symbole offert offert aux imaginations allemandes.

Dans cette salle des séances aujourd'hui, nous avons assisté, dès 1926, à de pathétiques débats. Le chancelier d'alors, M. Wilhem Marx, leader centriste, faisait vaillamment front aux attaques successives des socialistes et des nationalistes. Dans ces couloirs, dans ces salles, nous avons rencontré des personnalités amies ; naguère encore, Mgr Kaas, M. Brüning, M. Joos…

La France n'aurait aucun intérêt à ce que la démocratie allemande sombrât dans l'impuissance, ni à ce que se développât, à notre frontière de l'Est, un pays d'anarchie.

Gaston Tessier

N° 247 — 25 MARS 1933

Une abdication

Donc, M. Hitler a obtenu du Reichstag les pleins pouvoirs qu'il réclamait. Par 441 voix contre 94, la dictature a reçu légalement toute licence. On peut compter sur elle pour faire pleinement usage des droits qui lui ont été conférés.

Les événements s'enchaînent avec une implacable logique. Nous touchons au terme d'une déplorable évolution : c'est désormais en Allemagne la tyrannie déclarée, le triomphe total d'un régime de violence et de sang.

Cette issue tragique ne pouvait plus être évitée. Depuis des mois déjà, et peut-être depuis plus longtemps, l'Allemagne de Weimar avait perdu la partie. Il ne restait aucune espérance de sauver la liberté. Il n'y avait plus qu'à sauver l'honneur.

[...]

Tout de même, la social-démocratie — et à vrai dire, c'était la moindre des choses — a voté contre le gouvernement de Hitler. Le Centre a voté pour. Disons sans hésiter que c'est une nouvelle amère.

Nous comprenons bien qu'il a cherché, ainsi, à éviter un plus grand mal, que d'ailleurs un vote hostile n'aurait rien changé, et qu'enfin les déclarations du chancelier étaient relativement modérées et de forme presque acceptable.

Nous comprenons bien aussi que le Centre a voulu écarter le risque d'un nouveau *Kulturkampf*, car on aurait probablement fait porter à toute la population catholique la responsabilité d'un vote défavorable émis par le parti de M. Brüning et de Mgr Kaas. Il y a là, dans cette dramatique solidarité involontaire, de quoi faire réfléchir ceux que préoccupent les rapports de la politique et des croyances religieuses.

Mais, en dernière analyse, cependant, le Centre ne pouvait voter pour Hitler sans se désavouer lui-même. Depuis quinze jours, il a participé à tout ce qu'a fait l'Allemagne de Weimar. C'est à sa propre condamnation qu'il vient de souscrire.

Et à qui s'est-il résigné, à accorder les pleins pouvoirs ? À un homme et à un parti dont toutes les idées et tous les actes sont directement contraires aux causes qu'il s'est donné mission de défendre.
Si dur que le mot puisse paraître, le vote d'avant-hier est pour le Centre plus qu'une faiblesse, c'est une abdication.

Et qui ne préservera rien. La dictature nationale-socialiste ne saura aucun gré d'un vote consenti sous la menace. Et d'ailleurs, il faudra bien rompre, et vite.

Car le Centre ne pourra pas ne pas protester contre la politique de la matraque et du bâillon.

Puisse-t-il, dans l'intérêt même des principes qu'il entend représenter, reprendre au plus vite, sans jactance inutile, mais sans complicité déshonorante, la totale indépendance nécessaire face à ceux qui sont les ennemis de la liberté et de la paix.

C'est la voie héroïque. Mais il n'y en a pas d'autre d'admissible pour la « postérité de Windthorst ». Nous souhaitons qu'il ne soit pas déjà trop tard.

Georges Bidault

N° 253 — 1ᵉʳ AVRIL 1933

La campagne contre les juifs commence

Berlin — C'est demain samedi que sera déclenchée officiellement la campagne antisémitique en Allemagne. À partir de dix heures, succédant aux intolérances sur lesquelles avec une bienveillance complice, la schupo a jusqu'ici fermé les yeux, les articles de l'ordonnance officielle seront appliqués aux commerçants juifs.

À la veille de ces manifestations, le comité de défense contre « la propagande mensongère juive » a publié une ultime ordonnance. En voici l'essentiel :

1) Les dirigeants des comités locaux devront être nommés sans délai par les fonctionnaires du parti national-socialiste.

2) Les firmes dans lesquelles les juifs ont seulement des intérêts financiers feront l'objet d'une ordonnance actuellement en préparation.

3) Si le mari d'une commerçante est juif, le commerce sera considéré comme juif. Il en sera de même si la propriétaire est juive et que le mari est chrétien (sic).

4) Des affiches portant un point jaune sur fond noir seront apposées à la porte des magasins juifs.

5) Il est interdit aux établissements boycottés de licencier, sous aucune prétexte, des employés et des ouvriers non juifs.

6) Pour financer le mouvement de défense contre les juifs, des quêtes seront faites auprès des commerçants allemands.

« Un nouveau chapitre de l'exode », est le titre choisi par Francisque Gay dans son « Tour d'horizon » (revue de presse), qu'il consacre à cette seule question, dénonçant en préambule « l'abominable campagne antisémite », ajoutant : « Voici que le Juif errant doit encore reprendre son bâton de pèlerin. À Paris, en Palestine, à Anvers, on signale l'arrivée de nombreux israélites fuyant devant la persécution. Ceux qui restent se terrent affolés, dans l'attente des événements imminents. »

N° 255 — 4 AVRIL 1933

Hitler et la Palestine

Les hasards d'un long voyage en Égypte, Syrie, Palestine nous ont permis de connaître l'impression produite hors d'Europe par les événements survenus en Allemagne à la suite des élections du 5 mars.

Nous nous trouvions en plein désert syrien lorsqu'eurent lieu ces élections, et c'est seulement le 15 mars que nous en connûmes, en Palestine, les résultats, mais de quelle manière vivante et angoissante !

Ce que nous vîmes dans les grands ports de Palestine et à Jérusalem, ce fut le commencement de l'exode des juifs allemands arrivant avec leurs femmes, leurs enfants, et amenant avec eux les richesses, souvent considérables, que, malgré les lois et les décrets, ils avaient pu réaliser et emporter dans leur fuite.

Deux cent mille juifs, de tous pays, se sont, depuis la déclaration Balfour, installés en Palestine et il faut leur rendre cet hommage (quoi que l'on puisse, par ailleurs, penser du mouvement sioniste) qu'ils ont assaini le pays et rendu productives des terres jusque là incultes. Que l'on juge de l'émotion produite dans ces colonies juives par l'arrivée de ces Allemands qu'un pogrome légal, organisé par le gouvernement lui-même, obligeait à fuir leur patrie, dans les conditions les plus iniques.

Mais ce ne sont pas seulement les juifs établis en Palestine qui se firent accueillants pour leurs coreligionnaires persécutés. Nous avons vu les populations chrétiennes et musulmanes, marquer, elles aussi, devant des atteintes au droit des gens et à la liberté de pensée, un mouvement de violente indignation et de fraternelle solidarité.

Ceux qui, dans des circonstances si tristes, arrivèrent en Palestine pour y chercher un asile et un refuge, durent se sentir réconfortés par cet accueil, venu du cœur et qui marquait combien la foi allemande avait ému jusqu'en ses profondeurs la conscience universelle. Et c'est à dessein que nous employons le mot folie, car on se demande, en vérité, ce que les hitlériens ont à gagner, même du point de vue matériel et commercial, à soulever ainsi contre eux la réprobation du monde. Nul ne peut nier les incontestables qualités de travail des populations israélites. Or, ces qualités de travail et d'énergie, les juifs allemands vont en faire profiter des pays étrangers et, en particulier, ce foyer palestinien où ils arrivent chaque jour, par milliers, apportant avec eux des capitaux considérables.

La Palestine, chose curieuse et unique, ne connaît point encore la crise économique qui sévit dans le monde entier. Ses exportations s'accroissent chaque jour, et, loin d'avoir des chômeurs, elle réclame incessamment de la main-d'œuvre.

Les esprits avertis de Palestine, d'ailleurs, ne pensent pas que cet état de choses exceptionnel puisse durer, et ils savent qu'inévitablement, ils subiront, comme les autres pays, la crise mondiale. Ils ajoutent que si des avantages certains résultent pour eux de l'afflux d'or venu d'Allemagne, cela peut, par ailleurs, créer aux banques palestiniennes certaines difficultés pour l'emploi de cet or dans des conditions de durée qui ne sont pas déterminées.

Mais, avec les juifs allemands, arrivent en Palestine de nouvelles familles appartenant à toutes les classes sociales. L'odyssée douloureuse de ces israélites a soulevé une fervente sympathique que les populations catholiques n'ont pas été les dernières à ressentir. Elles sont ainsi restées fidèles à leur idéal divin, car toutes les fois que la justice est atteinte en un homme, quel que soit son pays, quelle que soit sa religion, quelle que soit sa race, tous ceux qui croient en la loi d'amour du Crucifié doivent se sentir atteints.

Tel est le noble spectacle qu'il nous fut donné de constater en Palestine.

Germaine Malaterre-Sellier

N° 264 — 14 AVRIL 1933

À propos d'antisémitisme
[...]

Est-ce que les hitlériens, sous le signe de la croix gammée voudront faire prédominer un racisme païen, jusqu'à établir la suprématie des seuls Aryens ?...

Au jour où l'univers célèbre la seule vraie rédemption, celle des hommes et celle des peuples, redisons que les notions profondes de la civilisation moderne sont dans le Décalogue et dans l'Évangile.

Cela suffirait pour nous inciter à flétrir l'antisémitisme. Au temps où cette doctrine sévissait en France, Léon Bloy écrivit *Le Salut par les Juifs*. Sans les grands meetings de protestation qui ont eu lieu à Paris, depuis quinze jours, des voix catholiques se sont fait acclamer : celles du chanoine Desgranges, de l'abbé Viollet, du R. P. Dieux, pour ne parler que des clercs.

L'antisémitisme des « nazis » a réalisé contre lui, en France et dans le monde, l'union des esprits droits et des cœurs généreux.

Gaston Tessier

N° 291 — 17 MAI 1933

Promenade dans le ghetto parisien

Comme toute l'humanité, les juifs de Paris se déplacent vers l'ouest. Quand ils viennent de Pologne ou de Roumanie, ils se fixent dans les rues qui avoisinent la place des Vosges. La seconde génération s'installe dans le Sentier. À la troisième, quelques heureux émigrent aux Champs-Élysées où, M. de Rothschild leur a frayé la voie. Enfin, quelques-uns, entraînés par leur élan, vont aboutir à la Santé, après des spéculations infortunées.

Mais le vrai, l'authentique, le pur ghetto s'étend au long de l'extrême rue de Rivoli, près de ce quartier des Francs-Bourgeois qui fait tampon entre Saint Paul et le Faubourg Saint-Antoine. Les limites sont imprécises. La colonie la plus nombreuse et la plus remuante se loge dans la rue du Roi-de-Sicile et les ruelles adjacentes, entre la rue Vieille-du-Temple et la rue Ferdinand Duval (le nom banal de cette dernière rue a dû décourager l'originalité sémitique). Mais il y a des annexes : l'une, plus miteuse, si possible, dans la rue des Jardins-Saint Paul ; l'autre, plus bourgeoise, place des Vosges.

Rue du Roi-de-Sicile, rue des Jardins-Saint-Paul, c'est l'Israël de la purée, l'Israël qui ne vend pas d'autos comme MM. Citroën ou Rosengart ; qui ne domine pas la Bourse comme MM. de Rothschild ou Lazard ; qui n'écrit pas de livres comme MM. Benda ou Berl ; qui ne fait pas représenter des pièces, comme MM. Berstein et Savoir.

L'Israël qui débarque des contrées lointaines, avec son mobilier de quatre sous, sa brocante, ses « pons lorgnettes », sans pantalons cagneux et ses gosses innombrables. On dit qu'il n'y a pas de pauvres chez les juifs : allez voir le ghetto parisien et vous m'en direz des nouvelles. Le Juif-Errant campe quelques années : pour acheter son matériel de campement, il n'a que les cinq sous de sa bourse ; aujourd'hui, ça ne va pas loin avec le franc déplumé.

Joseph Folliet

N° 313 — 14 JUIN 1933

Agitation fasciste et défense républicaine

L'agitation fasciste, après avoir renversé le régime parlementaire en Italie et en Allemagne va-t-elle mettre en péril les libertés de la France républicaine ? Telle est la question que l'on peut se poser quand on constate avec quelle gravité M. Daladier affirme son intention de défendre le régime.

Faut-il voir dans les déclarations du président du Conseil un simple artifice du jeu parlementaire, un moyen de regrouper une majorité hésitante ? Ou au contraire faut-il penser que, conscient des devoirs de sa charge, M. Daladier porte son attention sur un péril réel ?

L'agitation fasciste en France ne paraît pas bien profonde ; les libertés publiques sont acquises depuis bien longtemps ; notre démocratie repose sur des bases, traditionnellement assurées, consolidées au travers de crises multiples, que n'avait évidemment pas en Allemagne la jeune Constitution de Weimar. Mauvais terrain pour le fascisme, n'est-il pas vrai ?

Et cependant, au risque de paraître céder à une obsession renouvelée des souvenirs du 2 décembre, nous dirons que les inquiétudes de M. Daladier sont parfaitement justifiées. Car, enfin, qu'était Hitler il y a quelques années ? Qu'était Mussolini quelques années avant la marche sur Rome ? Des agitateurs turbulents dont on ne semblait pas devoir se préoccuper. Aujourd'hui, ils sont les maîtres de l'Allemagne et de l'Italie.

[...]

Donc, M. Daladier a raison : il faut défendre le régime. Or, une telle défense suppose une loyale collaboration entre tous les éléments résolument attachés à la démocratie : aussi bien les républicains de gouvernement que les masses prolétariennes, dont une partie, travaillée par la propagande communiste, est trop portée à se désintéresser de la « République bourgeoise ». C'est par l'union d'hommes comme le modéré Waldeck-Rousseau et comme les socialistes groupés autour de Jean Jaurès que fut possible, en 1889, l'œuvre de la défense républicaine.

Mais poser ainsi le problème, c'est, ne nous y trompons pas, affirmer que la politique démocratique ne saurait se proposer comme tâche le maintien de l'ordre actuel. Car, enfin, notre démocratie politique se révèle, sur le plan économique et social, terriblement insuffisante et incomplète.

Maurice Lacroix

N° 340 — 16-17 JUILLET 1933

Que veut la jeunesse ?

La querelle des générations ne nous intéresse guère. Assurément, il semble qu'il y ait autour de nous de moins en moins de jeunes vieillards et de plus en plus de vieux bébés ; c'est le fait de toutes les sociétés qui renoncent à elles-mêmes. L'erreur des hommes au pouvoir en France n'est pas d'être vieux, mais ne savoir rien oublier ni rien apprendre ; la plupart ont des qualités techniques ; plusieurs, du talent ; quelques-uns, de l'honnêteté. Leur malheur, ou plutôt celui de la France est de résider dans l'inactuel.

La question n'est donc pas de savoir si l'on préfère une mutation brusque à une évolution prudente. L'imprudence suprême est de conserver le désordre présent. Désordre qui n'est dû qu'à un fléchissement des forces spirituelles, laissant par leur carence s'affirmer le déterminisme implacable des crises économiques et des contradictions capitalistes, qui conduit aux tyrannies étatistes, et aux autarcies guerrières. À l'ouest, des démocraties pourries ; à l'est, des dictatures policières. Entre les deux, n'y a-t-il plus qu'à mourir ?

L'Ordre nouveau, son groupe et sa revue sont persuadés, au contraire, que l'impasse présente provient d'une démission de l'esprit occidental et particulièrement de l'esprit français. Quand ils se réclament des forces spirituelles, ce n'est pas pour chercher un refuge dans la hideuse philanthropie à l'américaine, le détachement intellectuel ou le recueillement sacerdotal : ce qui assure à l'esprit sa primauté, c'est qu'il est l'acte suprême. Bien loin de se séparer de la matière et du corps comme de choses répugnantes, il les considère comme le point d'appui indispensable à sa violence créatrice [...].

Raymond Aron et Arnaud Dandieu

N° 352 — 30-31 JUILLET 1933

Que veut la jeunesse ?

Nous rejetons quelques sens de ce mot révolution, et nous ne l'adoptons que dans une acception bien définie. Nous rejetons la révolution au sens romantique : émeutes, barricades, coups de feu, etc. Tout cela, c'est bien fini : l'invention des armes automatiques a porté le dernier coup à ce genre de révolution. La révolution, pour nous, c'est le problème de l'homme repris dans ses racines mêmes. Quant aux modalités de la révolution, Esprit ne se prononce pas. Peu importent les modalités techniques de la révolution, pourvu qu'elle soit et pourvu qu'on soit capable de courir les risques des idées qu'on défend. Les communistes nous reprochent de vouloir une révolution spirituelle pour faire l'économie d'une révolution temporelle. L'objection porte à faux. Nous voulons tout changer. Mais nous voyons plus loin que les communistes. Nous travaillons pour plus loin. C'est pourquoi il faut une révolution spirituelle. [...]

Aussi, nous rejetons un autre sens — plus métaphysique — du mot révolution ; noue ne voulons pas de cette mystique révolutionnaire nie de la philosophie hégélienne qui considère la révolution comme un bouleversement continu. Nous croyons aux valeurs absolues, éternelles, ce qui ne veut pas dire qu'il faille prendre pour des valeurs éternelles des formes historiques contemporaines, par exemple, telle forme de propriété, de profit, etc. La révolution spirituelle n'est pas non plus une évasion, mais un discernement. Travail délicat, puisque tout est mêlé dans la chair. Quel est l'éternel ? Quel est le temporel ? Voilà ce qu'il faut distinguer. Nous répudions enfin le mythe révolutionnaire de progrès indéfini. [...] Pour nous, l'esprit, c'est essentiellement la valeur de la personne. C'est de ce point de départ que nous tirons les conséquences sociales et politiques qui nous opposent au communisme quantitatif, à l'étatisme et au capitalisme. Nous aimons à parler d'une décentralisation jusqu'à la personne.

Emmanuel Mounier

N° 370 — 22 AOÛT 1933

Que veut la jeunesse ?

Révolution ? Dussé-je contrister Mounier et passer pour un vil réformiste, ce mot m'effraie un peu et ne m'agrée qu'à demi. Non par pusillanimité bourgeoise, certes. Mais je sens lutter en mon « je » un « moi » révolutionnaire et un « moi » conservateur. Mes ancêtres, cultivateurs des terres froides, toujours en procès avec la brutalité sournoise du Rhône, ces vignerons qui, des siècles, ont maintenu le sol fuyant de leurs collines. Dauphinois méfiants, Savoyards épais, la bouche pleine de gaudes, ces frères des lurons des Sabolas m'ont légué un amour de la continuité charnelle, un respect de l'œuvre faite, un sens de l'inévitable dont aucune idéologue ne me débarrassera. La fréquentation de Paul Bureau et de Tourville m'a enseigné ce déterminisme social qui n'est, je le concède, qu'un certain déterminisme, écorce d'habitudes collectives perforée par le jaillissement des libertés humaines, déterminisme pourtant qu'on ne bouscule pas d'une chiquenaude. La familiarité de saint Thomas d'Aquin me fait désirer la possession et l'exercice de la prudence politique. L'histoire me rappelle que le mot de révolution conserve un potentiel de signification, dont on ne l'écorchera pas facilement, et que, jusqu'à maintenant, les révolutions ne se sont pas faites avec des juges de paix, mais avec des repris de justice et des policiers. La théologie me souffle à l'oreille que l'Église goûte peu l'assimilation du levain évangélique au ferment révolutionnaire.

Joseph Folliet

N° 402 — 28 SEPTEMBRE 1933

Le sort des Assyriens nestoriens de l'Irak

Le Conseil de la Société des Nations vient de s'occuper des descendants d'un peuple qui connut, il y a des millénaires, les honneurs de l'histoire : les Assyriens. Ces conquérants d'antan qui ne sont plus représentés aujourd'hui que par des tribus, dont la plupart ont embrassé l'hérésie nestorienne et que les hasards des conquêtes et de la politique ont voulu placer sous la domination d'un État musulman nouvellement né à la vie nationale. On se rappelle en effet que cet État, l'Irak, après avoir été administré pendant une douzaine d'années par un Haut Commissaire britannique représentant la Puissance désignée comme mandataire par les Traités de paix, a recouvré l'indépendance complète et a même été appelé l'an passé à siéger dans la Société des Nations.

Le gouvernement britannique avait accordé une confiance excessive aux Irakiens puisque, à la suite d'un conflit intervenu près de la frontière de Syrie — pays sous mandat français —, entre tribus assyriennes et troupes irakiennes, une soudaine explosion de fanatisme religieux et nationaliste des musulmans nous a valu un atroce massacre des Assyriens nestoriens. Le danger est grand, car les dirigeants de Bagdad entretiennent en sous-main les passions populaires, tout en déclinant officiellement toute responsabilité dans l'affaire. Et le danger s'étend aussi aux minorités catholiques chaldéennes et syriennes de l'Irak.

La Société des Nations s'est émue de la situation puisqu'à la suite d'une pétition de Mar-Chimoun, patriarche assyrien, un Comité spécial de la Société des Nations s'est réuni le 4 septembre dernier à Paris et a décidé de mettre la question à l'ordre du jour de ce Conseil.

Il apparaît vraiment que l'envoi d'une Commission internationale en Irak s'impose ; cette Commission aurait à faire une enquête sur les récents événements et à proposer une solution au problème assyrien. Mais peut-on dès à présent envisager une telle solution ?

L'expérience a prouvé que la vie est impossible en Irak pour les Assyriens ; il serait donc indispensable de les transplanter dans un pays voisin ; or le pays dans lequel ils seraient certains d'obtenir des autorités une protection efficace, ne pourrait être ni la Turquie ni la Perse, où le fanatisme religieux peut toujours se réveiller, mais la Syrie, où la France mandataire, a déjà, avec l'aide de l'office des réfugiés Nansen, établi les Arméniens chassés de Turquie.

Il serait sans doute possible au Comité Nansen d'obtenir des fonds d'origine non-officielle dans les différents pays, particulièrement en Angleterre ; une telle solution serait donc peu onéreuse à la puissance mandataire et mettrait fin à une situation intolérable à la conscience chrétienne.

André-D. Tolédano

N° 419 — 18 OCTOBRE 1933

Vers le « juste salaire »

La loi sur les Allocations familiales — pour un premier « train » de professions — vient d'entrer en vigueur.

La technique sociale du « sursalaire » — généreuse et non moins ingénieuse, a défrayé maintes gloses. Ce qu'on n'a pas dit, du moins à ma connaissance, c'est que la loi sur les Allocations familiales — et vous verrez pourquoi — marque une étape sérieuse, sinon décisive, vers le « juste salaire » obligatoire.

Afin de mieux réaliser ce progrès « substantiel », évoquons d'abord les points de comparaison, je veux dire la législation des accidents du travail et des assurances sociales.

Le législateur ne prévoyait alors que des prestations plus ou moins professionnelles au salaire accoutumé du bénéficiaire.

Vous ne gagnez par exemple — exemple peu exemplaire, j'en conviens — que vingt fracs par jour.

Blessé à l'atelier, vous interrompez votre travail ; vous toucherez un demi-salaire quotidien de dix francs.

Si la blessure est sérieuse, si vous avez droit à une pension d'invalidité, votre pension sera calculée en fonction de votre salaire annuel.

Si vous succombez, votre veuve et vos enfants auront droit à une rente et cette rente sera proportionnelle à votre salaire.

Pour les assurés sociaux, la prestation maladie varie avec la catégorie du salarié, mais ce qui « catégorise » ce dernier, c'est encore et toujours le taux de son salaire.

Le salarié — maladie ou accident — n'est donc indemnisé qu'eu égard à son gain, ce qui n'est pas toujours — tant s'en faut — à son avantage.

Si la plupart des salaires étaient de « justes salaires », passe encore ! Mais quand on a femme et enfants, quand on gagne vingt francs par jour, et qu'on a le malheur d'être blessé, comment se nourrir et comment nourrir les siens — avec un demi-salaire de dix francs !

Eh bien !… L'allocation familiale, sous ce rapport, constitue une prestation sociale « hors série », « sui generis » et dont on ne saurait exagérer la signification et la promesse.

Car le sursalaire — innovation capitale — n'est aucunement proportionnel au salaire proprement dit.

Que vous gagniez quarante francs ou que vous n'en gagniez que vingt, votre patron — pour un même nombre d'enfants, bien entendu — vous versera la même allocation.

Combien ?… La somme prescrite pour chaque département, par arrêté ministériel.

Réfléchissez et vous comprendrez que cela revient à soustraire une fraction du salaire — et la plus sacrée — aux fluctuations de ce que l'on ne rougit pas d'appeler le « marché du travail ».

On peut encore, hélas ! Acheter du travail comme on achète une marchandise. Mais le travail du père de famille — en tant que père de famille — échappe enfin à la loi barbare et déshonorante de l'offre et de la demande.

C'est une victoire sociale considérable, et d'autant plus que l'ouvrier blessé, même s'il interrompt son travail, continuera de toucher son allocation familiale.

Le sursalaire « minimum », c'est un pas — et sérieux — vers le « salaire minimum » vers le juste salaire obligatoire.

À quand le pas définitif ?

Paul Chanson

N° 430 — 31 OCTOBRE 1933

Quand la démocratie passe à l'offensive… L'expérience tchécoslovaque

Prague - S'il est vrai que sur le front un peu partout entamé de la démocratie, la France constitue la « dernière tranchée de la liberté », la Tchécoslovaquie faisait figure jusqu'ici de petit poste un peu aventuré dans les lignes des régimes autoritaires. Les mêmes causes produisant, en gros, les mêmes effets, il était permis de penser qu'une analogie des situations, bien souvent rappelée, avait permis à Prague comme à Paris, le maintien d'institutions fort différentes sans doute par leurs traditions et leur fonctionnement, mais reposant, dans l'ensemble, sur un solide attachement aux libertés que peut assurer une démocratie parlementaire d'esprit encore libéral, quoi que de tendance socialisante.

Comme la France, en effet, la Tchécoslovaquie a réussi à maintenir des prix relativement rémunérateurs pour son agriculture, comme elle, et beaucoup plus énergiquement qu'elle, elle a pratiqué une politique de déflation, imposé des sacrifices à ses fonctionnaires, poursuivi la recherche de l'équilibre budgétaire. L'industrie tchécoslovaque ne dispose pas comme la nôtre d'un vaste marché intérieur. Néanmoins, des mesures de fortune ont permis d'éviter qu'un déficit important de la balance commerciale ne vînt menacer la stabilité de la couronne. Le chômage, qui sévit beaucoup plus cruellement qu'en France, désoriente la jeunesse, mais sans faire peser encore de très graves menaces sur la structure sociale du pays. Moins « durs » que leurs collègues français, les socialistes ont accepté et maintenu depuis longtemps un mariage de raison avec les forces agrariennes et bourgeoises. Ainsi pouvait-on espérer, ave un peu d'optimisme, que la démocratie tchécoslovaque réussirait à franchir sans trop de dommage le pas difficile de la crise mondiale.

Mais le rapide développement du mouvement national-socialiste parmi la population allemande de Tchécoslovaquie, qui représente près du quart de la population totale, une nouvelle poussée de l'autonomisme slovaque, favorisant les menées de l'irrédentisme hongrois, les intempérances de langage et parfois les violences des communistes et d'éléments qui se déclarent fascistes, ont amené le gouvernement à prendre des mesures graves. Déjà, peu avant la loi des pleins pouvoirs adoptés en juillet dernier, mais qui ne s'étendait qu'au domaine économique, des lois sévères avaient été adoptées : les fonctionnaires pouvaient, dans certains cas, être suspendus, cassés et privés de leurs droits à la retraite ; la presse devenait l'objet d'une surveillance plus stricte, sanctionnée plus fréquemment que par le passé, par la censure et la confiscation ; le mandat municipal était prolongé pour deux ans, pour maintenir en place les municipalités loyalistes, les maires nouvellement élus devaient, sous peine d'invalidation, obtenir l'agrément du pouvoir central, etc. Appliquées non sans vigueur, ces dispositions se montrèrent insuffisantes et l'on apprenait, en début octobre, la dissolution, prononcée par décret, du parti nazi et du parti national-allemand de Tchécoslovaquie…

[…]

Il n'est évidemment pas question de critiquer ici l'adoption, par un pays ami, de mesures qu'il ne pouvait guère différer. Ce serait d'ailleurs impossible à qui a bien des fois déploré les remarques désobligeantes don certains démocrates tchèques se plaisaient bien souvent à taquiner leurs cousins de Belgrade. Mais un fait demeure : voici la Tchécoslovaquie engagée à son tour dans une lutte sans merci pour le maintien de ses institutions. Le malheur, c'est qu'à Prague, comme partout ailleurs, la démocratie ne peut résister à ses agresseurs qu'en se reniant elle-même et défendre sa vie qu'en perdant les raisons mêmes de vivre. On objectera qu'il s'agit d'un moment difficile à passer et que, le calme revenu, les libertés démocratiques pourront s'épanouir à nouveau. Il est permis de l'espérer et prudent de n'y trop point compter.

Quoi qu'il en soit, il y a désormais une expérience tchécoslovaque, expérience importante en soi, puisque la Tchécoslovaquie est aujourd'hui le seul pays de l'Europe centrale et orientale qui ait conservé la forme démocratique parlementaire. Expérience instructive aussi et qui, partant, mérite d'être suivie avec attention, car les difficultés qui en sont l'origine sont, pour une part, analogues à celles de Vienne, et pour une part peut-être plus considérable, analogues à celles de Paris.

Hubert Beuve-Méry

N° 447 — 22 NOVEMBRE 1933

Ne disons pas à autrui…

On peut à bon droit reprocher aux nationalistes leur défaut de clairvoyance et cette façon de jeter le pavé de l'ours sur les causes qu'ils prétendent défendre. Ce manque d'habileté se double d'un manque de tact qui, par certains aspects, est peut-être plus désagréable encore.

Que dirait-on d'un monsieur qui, dans une société, viendrait louer sans cesse les vertus de sa famille ? Et qui, pour mieux faire ressortir celles-ci, insisterait lourdement sur les défauts des autres ? « Nous

sommes, nous, des gens si bien... Ce n'est pas comme vous qui... »
Et comme pareille attitude contribuerait, n'est-ce pas, à attirer les
sympathies sur la famille en question ? Ces procédés nous choquent
et les choqueraient peut-être eux-mêmes s'il s'agissait d'individus
(car ils appartiennent généralement à des milieux « bien élevés »
sont cependant monnaie courante pour eux quand ils se placent sur
le plan national. Et ces méthodes sont si usuelles que les meilleurs
d'entre nous y sacrifient souvent sans même sans rendre compte. On
en retrouve la trace jusque dans la critique du nationalisme d'autrui :
« Ah ! Ce n'est pas nous qui tomberions dans ces excès ! Voyez au
contraire notre bon sens, notre mesure, notre modération... »

— Faut-il donc dire du mal de sa famille ?

— Qui vous y invite ? On ne vous demande que d'user personnellement de cette discrétion qui, dîtes-vous, est l'apanage des vôtres, et
de ne pas dénigrer systématiquement les voisins...

— Ces vérités élémentaires, si souvent oubliées, devraient cependant nous être présentes à une époque où nous sommes entourés de
réfugiés politiques de tant de pays et de tendances si diverses. Certains, bien intentionnés, croient être agréables à ces exilés en faisant
le procès du régime dont ils sont les victimes, et, bien souvent, sans
s'arrêter aux justes limites, ils vont chercher dans le passé de la patrie
cruelle tout ce qui sert à appuyer leur thèse...

— Or, si ingrate qu'elle soit, la patrie reste la patrie, chère au cœur
de l'exilé. Si, dans une crise de mauvaise humeur ou de folie, votre
mère vous mettait à la porte, vous souffririez sans doute... cesseriez-
vous pour cela de l'aimer ? Savons-nous combien de sympathies
nous nous aliénons en allant toujours rechercher dans l'histoire
nationale des peuples tout ce qui les montre à leur avantage ? Faites
un effort d'imagination. Supposez que, demain, un gouvernement
royaliste vous oblige à fuir, aimeriez-vous entendre faire le procès de
la France ? Combien d'Allemands exilés ont dit — même des Juifs en
face d'une Allemagne qui les renie : « Un gouvernement allemand, ce
n'est pas toute l'Allemagne... » Et, redevenus soudain pus Allemands
que Juifs en face de ces étrangers, ils répondaient (j'en ai entendu) :
« Mais vous-mêmes, n'avez-vous pas eu la révocation de l'édit de
Nantes et l'affaire Dreyfus ? »

Quelle nation n'a eu ses faiblesses, ses heures de fièvre ? Toutes
ont en outre des défauts prédominants que nous avons le devoir de

supporter puisqu'il leur faut bien supporter les nôtres ? L'Italie aime le panache ? Soit. L'Allemagne aime à marcher au pas ? Qui dit le contraire ? Le gouvernement des Soviets exerce une insupportable tyrannie ? Soit encore. Mais ne verrons-nous donc jamais les autres que ce qu'ils ont d'antipathique ?

Si nous avons à juger l'Allemagne, pensons aussi à saint Albert le Grand, à Goethe, à Beethoven. Si nous parlons de l'Italie, songeons à ce que la patrie d'un saint François d'Assise a donné au monde. Quand nous évoquons la Russie, n'oublions pas le mysticisme profond de l'âme populaire dont la musique émouvante et tant de grands écrivains portent témoignage. De même que, si nous étions à l'étranger, même bannis, nous aimerions que l'on jugeât la France non sur les dragonnades ou la constitution civile du clergé, mais plutôt sur un saint Vincent de Pau ou un Pasteur. Et, poussant plus loin encore le sens de la justice, si peu suspects de tendresse que nous soyons pour la royauté ou le régime impérial, ne trouverions-nous pas étroitement mesquin que l'on considérât du règne de Napoléon exclusivement le meurtre du duc d'Enghien, ou de la royauté française uniquement les crimes de Philippe le Bel ?

Quand comprendrons-nous qu'ici comme partout la justice et la charité sont assez proches ? Et qu'à les blesser l'une et l'autre, nous risquons de perdre d'autres biens, par surcroît.

Jeanne Ancelet-Hustache

N° 450 — 25 NOVEMBRE 1933

Nation armée ou armée de métier ?
L'opinion d'un de nos grands techniciens (Charles de Gaulle)
Interrogé par André Lecomte.

— Nous avons pu interroger un de nos officiers en activité dont l'avis nous paraissait le plus précieux. Jeune encore, il occupe déjà un des postes les plus délicats de notre organisation militaire actuelle. Les nécessités de la discipline l'obligent à ne pas révéler son identité.

Un système militaire ne saurait être construit d'après les données théoriques, car, alors, le meilleur serait de n'en avoir aucun et de vivre au paradis terrestre. Quand on discute des institutions militaires qui conviennent à un peuple — à la France, si vous voulez bien —, il faut d'abord se demander quelles sont celles qui répondent le mieux aux nécessités de sa défense et de sa politique.

Parce que notre frontière est ce qu'elle est, que nos voisins sont ce qu'ils sont, que nous avons l'empire que vous savez, que nous nous trouvons, bon gré, mal gré, liés à d'autres peuples, eux aussi bien déterminés, je pense que le régime de la nation armée nous est actuellement indispensable, mais qu'il ne nous suffit pas. Et je crois qu'on devra le renforcer, au plus tôt, par une armée de métier. Car, si nos masses mobilisées nous permettaient, éventuellement, de soutenir sur notre territoire une lutte très vigoureuse, seul un corps de professionnels nous mettrait à même d'intervenir sans délai ; soit sur notre frontière, soit au-delà, pour parer à une surprise ou pour aider un État.

Si l'on avait pu réaliser une organisation internationale de la paix, véritablement efficace, les données pratiques du chômage eussent été certainement changées. Mais, en fait — n'est-il pas vrai ? — nous n'avons, pour nous garantir, que la valeur de nos armes.

[…]

Dans la question des systèmes militaires, il faut considérer le point de vue propre, technique. À cet égard, mon opinion est que les troupes de spécialistes prendront une valeur relative croissante par rapport aux levées fournies par le service à court terme.

En effet, le matériel qui s'incorpore aux armées modernes tend à devenir de plus en plus puissant, rapide, délicat, et, d'autre part, nul engin n'a de réelle efficacité s'il ne se conjugue avec beaucoup d'autres. Dès lors, le rendement de l'armement varie dans d'énormes limites suivant l'habileté et la cohésion du personnel. Les progrès des chars de combat mettront bientôt cette vérité en pleine lumière. Car le rôle tactique capital que les chars sont, dès aujourd'hui, susceptibles de jouer, grâce à leur vitesse, à leur armement, conduit forcément à la sélection de leurs équipages. Jusqu'où ira l'évolution ? Cela est impossible à dire, et d'ailleurs, la nature ne fait pas de sauts. Pour le moment, du seul point de vue technique, la création d'unités de métier me paraît inéluctable (…)

Si l'évolution militaire devait dans l'avenir amener, peu à peu, une fois de plus la substitution de chocs bien réglés entre troupes professionnelles, aux luttes plus ou moins confuses de masses en armes, ce serait, pour l'humanité, un bénéfice sans prix. Comparez les hécatombes qui ont décimé notre espèce depuis un siècle et demi que l'on applique partout la conscription, avec les pertes modiques des guerres de Gustave Adolphe, de Louis XIV, de Frédéric II ? Mais ceci n'est qu'une considération de philosophie. De toutes les autres lois que celles de la pure raison conduisent les affaires des hommes. Or, nous vivons sur la terre, non point du côté de Sirius.

[...]

Le système de la qualité honore l'art militaire plus que celui de la quantité. Si, sur ce sujet terrible de la guerre, vous me passez une comparaison, je dirai qu'un artiste tire de plus belles harmonies d'un violon bien réglé que d'un orchestre confus et mal exercé. En outre, la France a perdu, par rapport à toutes les grandes puissances, la supériorité du nombre qu'elle possédait autrefois. Mais elle a gardé son aptitude d'intelligence et d'amour-propre. La lutte des élites remplaçant celle des masses serait donc, je le crois, pour nous favoriser. [...]

La République française possède aujourd'hui cinq armées de métier : la marine, l'aviation, l'armée nord-africaine, l'armée coloniale, l'armée du maintien de l'ordre (garde républicaine, gendarmerie, police). Chacun de ces corps professionnels dispose d'armes terribles. Je ne sache pas que le régime s'en trouve menacé. N'est-ce pas d'ailleurs un préjugé de croire qu'un pouvoir solide ait jamais succombé du seul fait de ses soldats ? Les institutions s'effondrent quand elles cessent d'être accordées avec les nécessités de l'époque, et, par suite, avec les mœurs. Alors, sans doute, la force les balaie, car telle est sa destination. Mais la composition des troupes a peu d'importance, en l'espèce. C'est une affaire de consentement général.

[...]

Le plan de désarmement, et l'organisation de la paix, proposé à Genève par le gouvernement français en novembre 1932, demandait que les types d'armées combattantes fussent unifiés. Sur la base du service à court terme. Mais ce plan, ne l'oubliez pas, prévoyait aussi une armée de métier pour chacun. En effet, les États devaient disposer, non seulement d'un noyau de militaires de carrière, pour encadrer et instruire leurs milices, mais encore d'une force spécialisée, pourvue des matériels les plus puissants et destinés, soit à la légitime défense, soit à l'assistance mutuelle. Le plan assignait à l'armée de métier un grand rôle : faire respecter la loi internationale, rôle qu'elle serait effectivement, seule capable de remplir.

N° 479 — 30 DÉCEMBRE 1933

Politique coloniale

M. Albert Lebrun, qui se souvient d'avoir été ministre des Colonies, et qui prend un légitime souci de la grandeur française, avait envoyé des messages aux populations de l'Afrique occidentale, pour s'associer aux cérémonies et aux fêtes qui viennent de se dérouler sur ce vaste territoire. À son tour M. Brévie, gouverneur général de l'A.O.F, en remerciant le président de la République, a traduit les sentiments inébranlables de fidélité et d'affection que les indigènes éprouvent « envers la France libératrice ». Cinquante ans après l'occupation du Soudan, la mémoire du général Borgnis-Desbordes, vient d'être célébrée à Bamako, celle du général Archinard à Sergou. Hommage très justifié, rendu à l'activité de véritables chefs qui furent des civilisateurs plus que des conquérants. Dans cette partie de notre domaine africain, le problème de colonisation, s'il est compliqué par l'exubérance de la nature et de l'ardeur du climat, ne soulève pas les mêmes difficultés psychologiques que dans d'autres régions. Quand nous rencontrons, en Indochine par exemple, d'antiques civilisations fort différentes de la nôtre, il est certain que les indigènes accueillent différemment la notion occidentale du progrès, qui vient heurter des routines millénaires appuyées par tout un statut, à a fois religieux et social. Un vent d'émancipation, voire d'indépendance, agite pus ou moins tôt, plus ou moins fort, les éléments jeunes, au risque de provoquer de graves aventures.

Gaston Tessier

ANNÉE 1934

Justice d'abord

Hier soir, j'ai rencontré chez des amis communs, un journaliste dont l'honnêteté personnelle est notoire. Et comme je lui disais mon étonnement de lui voir prendre, dans ses articles sur Stavisky, une attitude modérée, il me répondit : « Je défends la République ! »

J'entends bien l'argument.

Les gens d'« Action française » qui, les premiers, ont publié les lettres de M. Dalimier ; les journalistes qui maintenant mènent la meute ne sont pas désintéressés. Ils n'ont aucun souci sincère de l'intérêt général. Ils traquent des hommes politiques qui sont leurs adversaires. Ils cherchent à abattre un régime détesté. Plus simplement, ils goûtent la joie féroce d'une chasse à l'homme aux péripéties sans cesse renouvelées. Leurs motifs sont sans grandeur.

Est-ce une raison pour faire appel à la séparation des pouvoirs et pour laisser, suivant l'expression traditionnelle, « la justice suivre son cours » ? Je n'hésite pas à répondre : non. Et voici mes raisons. Je fais effort pour me déprendre de l'atmosphère passionnée qui est celle du Palais-Bourbon. J'examine les faits avec sang-froid. Il reste évident, pour moi, que le scandale Stavisky est, au premier chef, un scandale administratif et politique.

Il ne s'agit pas ici d'un industriel acculé à l'escroquerie par la crise et la nécessité de soutenir des entreprises démesurées. Cela, c'était Kreuger. Il ne s'agit pas non plus d'un financier qui, en tournant les lois de la Bourse, en abusant de la crédibilité publique, a rançonné l'épargne. Cela, c'était Oustric ou Madame Hanau.

Il s'agit aujourd'hui d'un bandit de droit commun. Serge Alexandre, malgré son charme, son génie, ses autos, ses théâtres, ses journaux et les jolies femmes qui l'entourent, est un vulgaire chef de bande, connu comme tel. À l'inverse des autres, s'il fait des affaires, c'est contraint et forcé et parce qu'il n'est plus pour lui d'autre moyen de masquer ses vols ou ceux de ses complices.

Je suis navré qu'il y ait des braves gens qui soient ses victimes. Autre chose m'émeut davantage. Depuis six ou sept ans, Stavisky n'a pu vivre libre et voler qu'avec la complicité évidente d'hommes politiques, de certains services administratifs et de la police.

Nous voulons savoir et nous saurons s'il est vrai qu'il suffit de posséder une boîte de fiches confidentielles et quelques centaines de millions pour être au-dessus des lois.

Et c'est ici qu'apparaît le problème du régime. Certains de nos amis, effarouchés, nous arrêtent : « Dans les circonstances actuelles, c'est la démocratie elle-même que vous allez attaquer. »

Je ne pense pas.

Il y a toujours eu, il y a aujourd'hui, il y aura encore demain, des escrocs trop habiles, des financiers véreux, des hommes publics à vendre. Ce qui fait la raison profonde de notre attachement au régime, c'est que nous croyons possible un contrôle de l'opinion publique. En République, chaque citoyen peut désigner du doigt les coupables, les nommer tout haut et exiger leur châtiment.

Mais au moment que Forces remplace La Gazette du Franc, qu'Oustric est en liberté, il n'est qu'un moyen efficace pour servir le régime : montrer que l'idée de justice et l'idée de République sont inséparables.

Georges Hourdin

N° 499 — 24 JANVIER 1934

La plus grande des iniquités

On comprend que les brigandages d'un Stavisky paraissent moins indigner l'opinion publique que les complaisances coupables et les louches complicités qui ont pu favoriser ses exploits et jeter un halo de mystère sur sa triste fin.

Toutes les époques, tous les pays ont eu leurs chevaliers d'industrie, aigrefins sans scrupules, escrocs aux escarpins, vernis, rançonneurs de l'épargne ; mais c'est après les grands bouleversements sociaux que l'espèce en pullule. [...]

Le pays, cependant, a eu un véritable sursaut d'honnêteté lorsqu'on lui a affirmé que l'escroc avait festoyé avec de hauts fonctionnaires et des parlementaires, rencontré des policiers et des magistrats dans les cabarets et les music-halls et que ces liaisons scandaleuses pouvaient bien être quelque chose dans l'effarante impunité de ce malfaiteur de haute lice.

D'un bout à l'autre de la France, dans tous les partis, à la ville comme aux champs, il n'y eut qu'un cri : il faut balayer tout cela, rejeter les ratés, les indignes, les pourris [...].

Dès lundi, le ministre compétent prenait les sanctions proportionnées aux manquements qui lui avaient été signalés par des enquêteurs impartiaux. Comment la Chambre allait-elle accueillir la nouvelle ? Lundi soir, dans la salle des Quatre Colonnes, les députés racontaient aux journalistes un incident singulièrement révélateur dont ils venaient d'être témoins.

Dans les couloirs intérieurs réservés aux députés, le jeune représentant socialiste de l'arrondissement de Soissons, M. Monnet, un dur, apostrophant dans un groupe nombreux, le président du Conseil, lui aurait déclaré que les sanctions étaient insuffisantes, le parti socialiste allait reprendre sa liberté. Il fallait, aurait-il dit, frapper pus haut et plus fort. L'opinion, réclamant les têtes des grands chefs, il fallait, sans s'embarrasser de tant de scrupules juridiques, les lui donner et tout de suite. Tant pis si, dans le nombre, quelque innocent se trouve atteint et à jamais déshonoré. Si on veut sauver le régime, ne faisons pas dans le sentiment, immolons du gros gibier.

Ce serait, reprise par un socialiste, la thèse des états-majors pendant l'affaire Dreyfus où, pour chercher un exemple plus proche, ce serait la justification inattendue de la décision inouïe de ce juge d'instruction qui incarcéra séance tenante le chauffeur et mécanicien de Lagny, sous le seul prétexte qu'en face de la gravité de l'accident, l'opinion réclamerait qu'on sacrifiât des boucs émissaires. L'opinion a bien fait de comprendre comment elle jugeait cette sinistre parodie de justice.

Eh ! Bien, si ces paroles devaient être confirmées ou maintenues, si les socialistes, au mépris de leur propre tradition, méconnaissant les impérieuses prescriptions de toute justice et de toute humanité, persistaient à invoquer cette odieuse raison d'État, cette nécessité d'apaiser à tout prix la colère publique, si surtout une semblable doctrine pouvait trouver quelque crédit dans la rue, au Parlement, dans le gouvernement ou dans la magistrature, nous disons que ce serait la ruine de toute confiance dans la justice des hommes, ce serait bien la plus grande des iniquités.

Francisque Gay

N° 511 — 7 FÉVRIER 1934

Une soirée d'émeute à Paris

Une journée dramatique, seulement tumultueuse à la Chambre, mais qui s'est achevée dans les rues, par des scènes d'émeute, ayant entraîné, hélas ! plusieurs morts d'hommes et fait de nombreux blessés, tel est le douloureux bilan de l'effervescence qui atteignait, hier soir, son point culminant.

Tous les Français auront le cœur serré en lisant ces nouvelles. Car les vies sacrifiées auraient dû être épargnées. Ces luttes fratricides, que notre pays ne connaissait plus depuis longtemps, ont un caractère angoissant qui défie le raisonnement et arrête le commentaire.

Certes, l'infâme Stavisky, dont l'escroquerie et la mort ont servi de prétexte à cette agitation, ne méritait pas que du sang français fût versé, que des forces généreuses fussent gaspillées à cause de lui.

Les excitations criminelles qui avaient été prodiguées depuis quelques semaines, en sens divers, ont donc porté leurs fruits. Puissent-ils, dans l'avenir, peser leurs responsabilités, ceux qui ont charge de guider l'opinion, et qui, trop souvent, se laissent entraîner à attiser les haines de classe ou les discordes civiles !

La passion politique, disions-nous, est mauvaise conseillère, les événements ont dépassé nos appréhensions : il est plus difficile de contenir et de discipliner les masses populaires que de les déchaîner.

Des hommes sont morts pour leur idéal, au service d'une cause qu'ils croyaient juste. Leur mémoire ne doit pas être, demain, un nouveau sujet de division ; la gravité même des circonstances impose, au contraire, que toutes les énergies de ce pays se regroupent autour de l'autorité.

À l'heure où nous écrivons, il est impossible de prévoir les répercussions politiques de ces faits atrocement pénibles.

Nus continuons de croire que le bien public, le salut du pays, doivent être cherchés dans le jeu normal des institutions démocratiques, dans l'union des esprits et des cœurs.

Gaston Tessier

N° 513 — 9 FÉVRIER 1934

Paroles de paix

[...]

Si a haine répond à la haine, jamais ne finira la haine. Il faut que les bons citoyens se jettent entre les haines adverses, comme aux journées de juin, l'archevêque de Paris, Mgr Affre, se jeta entre les insurgés et la troupe, suivi d'un ouvrier qui portait une branche verte. Il faut qu'ils se fassent les héros et les champions du bon sens et de la fraternité nationale. Coûte que coûte, et malgré tout.

À l'heure actuelle, la France a le choix entre deux attitudes : ou le saut dans l'aventure, communisme, fascisme, ou simplement pagaïe généralisée et anarchie spontanée. La Révolution, pas cette révolution spirituelle et personnaliste que des jeunes ont rêvée, mais le crépitement des mitrailleuses dans les lueurs de l'incendie.

Ou bien l'Union nationale. Pas une caricature à l'usage d'un parti dominant. Mais la vraie Union nationale qui, pour le salut public, resserre, autour du drapeau et de la République, les membres de tous les partis qui ont le sens de l'État et du bien commun.

Ce n'est qu'un pis-aller, je le sais. L'Union nationale ne résoudra pas les graves problèmes économiques et politiques. Mais, pour l'instant, aucun parti n'est capable de les résoudre à lui seul. Parmi les manifestants, sur dix hommes, cinq ont une pensée différente et cinq autres ne pensent rien, sinon qu'il faut que ça change. Parmi les anti-manifestants ou les non-manifestants, la diversité est aussi grande.

Par contre, l'Union nationale expédiera les affaires courantes. Elle rétablira l'ordre dans la rue, elle établira le budget. Sa politique extérieure ne sera peut-être pas parfaite. Mais elle aura une politique extérieure.

Le pays n'est pas encore mûr pour les grandes transformations. Toute révolution serait prématurée, donc sanglante et n'engendrerait que des avortons. En attendant, il faut vivre. Et l'on ne vit pas sans un minimum d'union.

Donc, que tous les éléments d'ordre : les grands partis de gouvernement, de gauche, du centre et de droite, les grandes associations d'anciens combattants, les fonctionnaires républicains sachent imposer et s'imposer la trêve indispensable.

La patrie n'est pas perdue et la République en a vu d'autres. Pourtant, il n'y a plus une faute à commettre. Prêcher la paix ? Promouvoir l'union ? Rôle difficile. On s'expose aux coups de tous côtés.

Mais, si nous nous taisions, les pierres sanglantes crieraient.

Joseph Folliet

N° 552 — 27 MARS 1934

Les « élections italiennes »

Les électeurs italiens ont fait ce qu'on attendait d'eux : ils ont investi à la quasi-unanimité la liste officielle des candidats fascistes. On n'a, paraît-il, recensé que 15 265 bulletins hostiles sur dix millions. Ce chiffre dérisoire d'opposants est naturellement interprété par certains comme le témoignage indubitable de l'enthousiasme universel de la nation pour le régime. À la vérité, il manifeste surtout l'impossibilité morale, et même physique de toute opposition en régime « totalitaire ».

Le prestige intérieur de M. Mussolini, le ralliement au fascisme d'un grand nombre de ses anciens adversaires, l'adhésion ardente de la majeure partie de la jeunesse ne sont guère niables ; mais de là à croire que la dictature n'a plus dans la péninsule que quelques milliers d'adversaires, il y a une marge que le bon sens interdit de franchir.

Les plébiscites massifs sont très faciles à obtenir pour les régimes qui ont supprimé la liberté. Mais ils ne signifient pas grand-chose, car on a le droit de suspecter la sincérité d'un vote émis sans garantie d'indépendance. Et nous avons dans l'histoire de France au moins un exemple éclatant de la fragilité des majorités trop écrasantes.

La Chambre des députés qui a été élue dimanche sera la dernière de son espèce. D'ores et déjà, on annonce qu'elle cédera la place à une assemblée à base corporative. L'expérience, nous dit-on, sera fort intéressante, qui substituera la représentation des intérêts à la représentation des opinions.

Nous attendons avec curiosité la tentative, mais pas pour les mêmes raisons que ceux qui croient que la lumière vient aujourd'hui du palais Chigi.

[...] Au-delà des Alpes, la vie professionnelle n'est pas plus libre que le reste. Comme le reste, elle est entièrement entre les mains du parti qui s'identifie à l'État. Les corporations fascistes représentent le fascisme et non les producteurs, comme les députés fascistes représentent le fascisme et non les électeurs.

Car on ne représente que quand on est choisi. Le système corporatif en dictature vaudra le régime, parlementaire en dictature. Simple façade au goût du jour dissimulant — mal — le règne omnipotent d'une volonté unique.

Georges Bidault

N° 558 — 4 AVRIL 1934

Le suprême péril

À défaut d'une réduction générale et substantielle des armements de toutes les nations, si le réarmement commencé de l'Allemagne rend, hélas ! cette réduction aujourd'hui impossible, ne doit-on pas essayer au moins de limiter tous les armements ? Une simple limitation ne vaut pas, à coup sûr, une substantielle réduction, mais elle vaut infiniment mieux que rien.

En d'autres termes, parce que les piétinements de la Conférence de Genève, d'une part, les impatiences de l'Allemagne, de l'autre, ont compromis, présentement, l'effort de réduction des armements, faut-il laisser les nations libres, désormais, d'armer à leur guise et de se lancer dans une nouvelle course aux armements ?

Ou bien, n'est-il pas préférable d'essayer encore de les lier les unes aux autres par une convention internationale qui limiterait au moins leurs armements ?

Une telle convention amoindrirait d'abord l'échec de la Conférence, échec qui, ne nous le dissimulons-le pas, qui serait un échec pour la paix elle-même. Elle aurait, en outre, l'avantage de réserver, pour l'avenir, les dernières chances effectives des armements.

Mais à quelles garanties d'exécution doit être subordonnée la signature de cette convocation ? Comment sera organisé l'indispensable contrôle ? Quelles sanctions seront prises contre toute violation de l'accord ? Questions essentielles.

Ce qu'il faut éviter en tout cas, c'est un réarmement sans contrôle ni limite de l'Allemagne, qui marquerait la reprise d'une course aux armements elle-même sans limite ni contrôle.

Car là, pour la France comme pour la paix, est le suprême péril.

Georges Hoog

N° 572 — 20 AVRIL 1933

[...]

L'Allemagne réarmant, la France ne désarmera pas. Seulement, le réarmement de l'Allemagne sera désormais ce qu'elle voudra ou ce qu'elle pourra. Ni contrôle, ni limite, ni garantie européenne en notre faveur. Il ne nous resterait qu'à prendre des dispositions pour ne pas nous laisser dépasser dans l'accumulation des moyens « défensifs ».

C'est la politique qui triomphait à la veille de 1914. Les résultats auxquels elle conduisit jadis sont en sa faveur une trop piètre recommandation pour que nous n'insistions pas sur la nécessité de conclure quand même une convention, même imparfaite, plutôt que de s'abandonner à la ronde infernale.

Georges Bidault

N° 577 — 26 AVRIL 1934

Chine et Japon

Le gouvernement japonais s'est livré ces jours-ci à une manifestation qui a suscité dans les milieux diplomatiques un émoi assez légitime. En dépit des adoucissements ou rectifications survenues ou à survenir, il semble bien que Tokyo ait voulu franchir une étape nouvelle en Extrême-Orient en promulguant pour l'ensemble de ces territoires une sorte de doctrine Monroë en vertu de laquelle ils seraient soumis à son intervention en même temps que soustraits à toute autre.

Le Japon entend, en effet, désormais s'ériger en juge principal et pratiquement en juge exclusif de l'opportunité des mesures d'ordre politique, financier ou technique envisagées par la Chine ou en Chine, par l'une ou l'autre puissance. Et au cas où il croirait avoir à protester, il le ferait en prenant de son côté des « mesures positives ». En somme, la Chine deviendrait pour lui quelque chose comme une chasse gardée.

Sans doute le Japon est-il particulièrement intéressé à tout ce qui est susceptible d'amener en Chine des répercussions d'ordre politique comme économique. Il ne peut cependant perdre de vue que le Japon n'est pas seul en cause et que, sans parler des Chinois dont l'avis est tout de même à considérer dans leurs propres affaires, toutes les grandes puissances ont en Extrême-Orient de trop grands intérêts pour en abdiquer la défense éventuelle et reconnaître sans sourciller l'omnipotence du Japon.

Car, c'est un véritable protectorat sur la Chine elle-même qui se trouverait institué si l'attitude japonaise devait être maintenu. Sous prétexte de protéger la paix, d'empêcher les guerres civiles, de couper court à toutes « complications », le Japon aurait le droit d'empêcher tout secours, tout appui à la Chine de quelque ordre qu'il soit. Il ne s'agirait plus même d'un régime privilégié pour les intérêts japonais, mais d'un véritable monopole.

Cette perspective, contraire aux traités existants, qui garantissent en Chine le régime de la « porte ouverte », est d'autant plus inquiétante que personne n'ignore comment le Japon entend les « mesures positives » auxquelles il a été fait allusion.

Le Japon est aujourd'hui entièrement sous l'empire d'une caste militaire dont les vertus privées, le courage, le mépris de la mort, la frugalité hérités du code traditionnel de l'honneur samouraï, ne peuvent nous dissimuler les redoutables ambitions et l'esprit belliqueux. À la faveur de la crise mondiale qui a porté presque tous les peuples à se replier sur eux-mêmes, malgré la profonde détresse des masses populaires japonaises, ou peut-être à cause de cette détresse, le Japon s'est lancé de propos délibéré dans une politique d'expansion de caractère ouvertement impérialiste. Il en a réalisé jusqu'ici les visées avec un parfait sang-froid et un non moins parfait dédain des stipulations du droit des gens comme des protestations d'autrui.

La continuation sur une plus vaste échelle de cette politique d'hégémonie ne pourrait qu'aboutir aux plus graves difficultés. Que feront l'Amérique et l'URSS ? Que feraient-elles en présence de nouveaux empiétements japonais ?

Au-dessus du Pacifique rôdent des nuées bien sombres...

Georges Bidault

N° 605 — 31 MAI 1934

N'attendons pas pour la RP

Le ministère Doumergue a entrepris une œuvre de redressement ; il donne, nous dit-on, tous ses soins à la réforme fiscale : c'est très bien, mais que deviendront cette réforme et les autres qu'il pourra entreprendre si la réforme politique n'est pas menée à bien ?

Je n'ai aucun goût pour la démagogie, mais je ne serais pas sincère si je ne faisais remarquer que la Chambre n'a pas été élue en 1932 pour la besogne qu'elle fait aujourd'hui. Il faut donc que le peuple élise de nouveaux mandataires pour se prononcer sur une politique nouvelle. Et les circonstances sont assez graves pour que le peuple tout entier soit enfin représenté, les femmes ayant le droit de voter elles-mêmes, et les mineurs étant représentés par leurs pères dans les actes e a vie politique comme ils le sont dans la vie civile ; les minorités ayant, comme les majorités, un nombre de candidats proportionnel aux sièges obtenus.

À qui profiterait le système ? Je n'en sais rien, mais ce que je sais, c'est qu'il est le seul système démocratique parce que, seul, il donne des mandataires à tous ceux qui, étant soumis aux lois, et au gouvernement, ont intérêt à participer à la confection des unes et au contrôle de l'autre.

On a l'impression que les libertés publiques risquent d'être compromises par l'impopularité d'une Chambre mal élue ; n'est-ce pas en en faisant élire une nouvelle, suivant les règles d'une évidente équité, qu'on a le plus de chance de les sauver ?...

Auguste Prénat

N° 620 — 17-18 JUIN 1934

Après Venise

Est-il besoin de spécifier que nous n'avons pas pour le régime fasciste plus de complaisance que pour le régime hitlérien et que l'un comme l'autre des deux gouvernements dictatoriaux nous sont très exactement odieux ?

Cependant, on doit impartialement constater que « la troisième Rome » manifeste ordinairement par ses actes sinon ses paroles, plus de sagesse et pus de modération que n'en a jusqu'ucu déployé le « troisième Reich ». Mussolini a certainement souffert des violences et des folies commises en Allemagne par un régime qui se déclare frère ou cousin du fascisme. Il est vrai que cette impatience très justifiée repose sur l'oubli des moyens par lesquels la dictature italienne, à l'époque de son établissement, assura définitivement sa victoire. Il n'existe pas moins qu'aujourd'hui, M. Mussolini peut se trouver gêné et un peu compromis par les excès dont le national-socialisme est coutumier. Peut-être les entretiens de Venise ont-ils été en partie consacrés par l'amphitryon, à sermonner son invité. Si le sens politique dont M. Mussolini a déjà fourni d'abondantes preuves, en dépit de discours fracassants, l'avait conduit à donner à son collègue en dictature des conseils de bon sens, les inquiétudes qu'a suscitées leur rencontré se trouveraient heureusement dissipées.

Nous n'avons pas de raison de nous fier les yeux fermés à la politique du Duce. Mais nous n'avons pas non plus de raison de mettre en doute la qualité de son jugement dans des circonstances aussi sérieuses que celles que créerait un rapprochement germano-italien.

Si peu de ferveur que M. Mussolini ait montré ordinairement aux institutions de Genève, il n'est nullement improbable que son action se soit exercée, au cours de discussions qu'on nous rapporte avoir été des plus vives, dans le sens du retour de l'Allemagne à la Société des Nations. Ce retour serait à lui seul insuffisant à dépanner la Conférence du désarmement, mais il ouvrirait du moins des possibilités de négociation. L'actuel état des relations internationales nous interdit d'ici quelque temps de nourrir de trop vastes ambitions et par conséquent de formuler de trop sévères exigences.

Sachons nous contenter de peu… sans cesser d'espérer beaucoup.

Georges Bidault

N° 630 — 29 JUIN 1934

Fascismes et démocratie. Sur deux plans différents

[...]

La magistrature même s'est montrée en Italie et en Allemagne favorable au fascisme et au nazisme pour un ensemble de causes qu'il serait qu'il serait superflu de dénombrer et où rentre pour une large part la position anticommuniste, anti-bolchévique, anti-marxiste et nationaliste prise par les fascistes pour obtenir l'appui d'une partie de la riche bourgeoisie, des intellectuels, de la magistrature et des fonctionnaires.

Malgré cela, suivant l'opinion de plusieurs hommes politiques d'Allemagne et d'Italie, ni le fascisme, ni le nazisme ne seraient parvenus au pouvoir sans la complicité ou la faiblesse des deux chefs d'État. Cette observation est vraie. Dans la plupart des cas, on pourra établir historiquement leur responsabilité grande ou petite lorsqu'ils ont cédé à la pression fasciste ; cependant, les chefs d'État, en face de situations extrêmement complexes, n'ont jamais eu, pour ainsi dire, le choix entre deux solutions : c'est qu'on ne peut jamais compter sur le courage de la dernière heure quand la situation a été compromise depuis bien longtemps.

La vérité, c'est que la lutte s'est déroulée sur deux plans différents : les démocraties n'ont eu ni les moyens de propagande susceptibles de combattre la propagande adverse, ni les méthodes de violence pour s'opposer aux violences fascistes.

Il y a pourtant un moyen extrêmement intéressant, mais aucune démocratie ne l'a employé jusqu'à aujourd'hui : c'est l'argument de moralité. Il convient de combattre le fascisme et le nazisme au nom de la moralité ; il faut porter la lutte sur le terrain moral et forcer les fascismes à se défendre sur le terrain. Il n'est pas une action humaine qui ne soit ou morale ou immorale, il n'est pas une théorie politique qui ne puisse être rapportée à la morale et être jugée au nom des principes moraux.

Les Anglais qui aujourd'hui combattent le fascisme, disent : Ce n'est pas un système politique conforme à a mentalité politique britannique, il est bon pour les autres pays, mais non pour nous. Ce à qui les fascistes ont beau jeu de répondre : Notre système n'est pas bon pour les Anglais d'hier, il le sera pour ceux de demain.

Les partis nationaux français s'opposent eux aussi au fascisme qui, suivant eux, ne répond pas au « génie de la France ». Et, en même temps, ils ne manquent pas de louer l'Italie fasciste, le Duce, son gouvernement et ses entreprises.

Maintenant sont nés en France les fascismes de gauche qui acceptent, disent-ils, les méthodes de violence pour combattre les fascismes de droite qui veulent transformer la démocratie en oligarchie. Ainsi deviennent fascistes autant les partis de drioie que les partis de gauche, bien que le fascisme ne soit pas conforme au « génie de la France ».

Également fascistes dans leur esprit sont les extrémistes flamingands et fascistes, même de nom, les « dinasos » de Belgique, où la droite catholique compte des tendances pro-fascistes. Aucun d'entre eux ne se préoccupe du problème moral du fascisme.

Malheureusement, partout, l'unique arme qui reste encore aux démocraties est mise de côté. L'argument de moralité est pourtant celui que l'on devrait mettre en avant, comme l'a fait le Souverain Pontife dans l'encyclique *Non abbiamo bisogno*, pour combattre la théorie fasciste de l'État comme fin de l'individu, la théorie de la violence comme moyen de parvenir à ses fins, la théorie d'un parti unique armé pour dominer tous les autres, la théorie de la justice soumise au pouvoir exécutif, la théorie de l'entreprise privée soumise entièrement à l'État, enfin cette théorie qui ôte ou diminue tous les droits de la personnalité humaine.

C'est une faute générale d'oublier les valeurs morales sur le plan politique ; cette atonie morale n'est pas le défait d'un seul parti ou d'un seul groupement, mais de toutes les classes dirigeantes, des élites politiques et de tous les responsables de la culture intellectuelle et morale des pays civilisés.

Et c'est pourquoi la crise d'aujourd'hui qui nous emporte vers les fascismes, le bolchévisme et toutes les tyrannies politiques est surtout au fond une crise morale des classes dirigeantes.

Luigi Sturzo

N° 652 — 26 JUILLET 1934

Les nazis assassinent le chancelier Dollfuss

Le chancelier Dollfuss dort maintenant dans la paix et dans la lumière promises aux hommes de devoir. Il est tombé dans la plus lâche, la plus ignoble agression, victime de sicaires qui, pour se débarrasser de lui, n'ont pas hésité à ajouter à la honte de l'assassinat, cette autre honte de l'accomplir à l'abri d'un déguisement mensonger. Peut-être aurions-nous eu à critiquer telle ou telle mesure du chancelier Dollfuss vivant. Devant le chancelier Dollfuss mort à son poste et dormant pour l'éternité du sommeil des justes, une seule attitude nous convient : nous saluons avec piété, avec douleur, d'un cœur fervent, celui qui est tombé en martyr pour l'indépendance de son pays, et pour la sauvegarde des libertés chrétiennes.

L'Europe entière apprendra avec indignation que le régime national-socialiste, non content des massacres accomplis à l'intérieur, n'hésite pas à faire assassiner au-dehors les hommes dont la résistance le gêne. Le sang innocent crie vengeance au ciel. Les nations civilisées savent désormais amplement à quoi s'en tenir en ce qui concerne l'« ordre » hitlérien. Elles ne feront rien pour rassembler autour du tyran les forces éparses du patrimoine allemand. Elles ne feront rien surtout pour consolider un régime dont le principal moyen d'action est le crime.

L'Angleterre, l'Italie — où le chancelier Dollfuss devait rejoindre incessamment sa femme et ses enfants — la France qui est plus que jamais attachée à l'indépendance autrichienne sauront tirer des événements qui viennent d'endeuiller l'Europe es conclusions qui s'imposent.

Pour nous, en cette heure de la nuit que visitent, au-dessus du calme des champs, les souffles pacifiques de l'universel repos, notre pensée se reporte au chevet du héros mort assassiné. L'Autriche et l'Europe auront peut-être dû à cette noble victime les destins meilleurs qui les attendent. Dollfuss achève dans la tombe ce qui fut l'effort de sa vie : l'Autriche sera sauvée.

Georges Bidault

N° 661 — 5-6 AOÛT 1934

Politique et prestige

Si Hitler n'était là, il n'y aurait pas aujourd'hui de problème de La Sarre. La Sarre est une terre allemande ; personne ne peut la contester à l'Allemagne. Depuis 1919, celui qui écrit ces lignes a soutenu que La Sarre devait faire retour à l'Allemagne et que les conditions économiques pour la rétrocession devaient être équitables. Aujourd'hui, pourtant, il y a un problème de La Sarre, parce qu'il y a Hitler. Dans le Reich, il a supprimé les libertés civiles et politiques, il a dissous les partis, il a persécuté les juifs et les adversaires du nazisme, il est en lutte avec les Églises, il s'est ensanglanté les mains en tuant et en faisant tuer ; La Sarre est partagée entre son sentiment patriotique, nettement allemand, et son amour de la liberté ; les catholiques sarrois mettent en parallèle le régime hitlérien et la religion qui sont devenus incompatibles. À cinq mois du plébiscite et sous la menace naziste, La Sarre n'est pas pleinement libre de discuter si elle préfère une prolongation du régime actuel sous l'égide de la SDN, à un retour immédiat à la patrie allemande. Tel est l'effet de la politique du Führer.

Son compte ne se solde certainement pas par un actif ; il est déficitaire par rapport à celui de Stresemann qui est parvenu à obtenir l'évacuation anticipée de la Rhénanie (1930), et à celui de von Papen qui est arrivé à faire annuler les réparations (Lausanne, juillet 1932) et à celui de Schleicher qui a pu obtenir le principe d'égalité des armements (Genève, décembre 1932).

Hitler, au contraire, a quitté Genève sous le prétexte qu'il vouait une parité immédiate des armements sans période d'épreuve ; il a mis l'Angleterre en défiance d'abord par la persécution des juifs, ensuite par l'accroissement de son aviation ; il a rompu avec la Russie par une politique d'intrigues ; et enfin, malgré ses affinités avec le fascisme et l'enthousiasme de la rencontre à Venise le 18 juin, il a heurté l'Italie par la question de l'Autriche. Aujourd'hui, Hitler est pour le monde entier, moralement, mis au rang des gangsters et des assassins et, politiquement, il est en faillite.

Néanmoins, rien n'étonne : Hindenburg mort, Hitler peut de lui-même se proclamer président-chancelier, réunir en sa personne les fonctions de chef de l'État et de chef du gouvernement ; la Reichswehr prête le serment de fidélité au Reichfürher ; les magnats de l'industrie et les junkers prussiens sont d'accord ; le peuple applaudit ; les fautes et les crimes de Hitler ne comptent pas encore pour l'Allemagne.

Luigi Sturzo

N° 682 — 31 AOÛT 1934

Quelques jours en URSS
Moscou la rouge

Leningrad impose la sympathie par sa beauté savante que la pauvreté n'a fait que rendre plus discrète. Moscou vous effraie par la turbulence de ses habitants et par la violence qu'ils mettent à réaliser le plan qui doit radicalement transformer leur cité... L'antique capitale, agglomérée tant bien que mal autour du Kremlin et de la « Cité chinoise » présente un enchevêtrement de rues tortueuses où le visiteur s'égarait et s'égare encore facilement. Dans cette forêt touffue, les maîtres actuels sont taillés des coupes sombres. Avec une volonté farouche, ils détruisent tout ce qui s'oppose à l'ouverture de nouvelles artères et, bien entendu, c'est souvent une église aux clochers bulbeux qu'ils livrent aux démolisseurs.

Mais ils ne se contentent pas de démolir. Ils construisent. L'État, qui est devenu un dieu, doit donner à tous le gîte en même temps que le travail. Il faut construire des usines pour infuser un sang nouveau à la Russie nouvelle, il lui faut aussi bâtir des maisons pour loger, par exemple, les quatre millions d'habitants que Moscou aura dans un an. Aussi, la ville ressemble-t-elle à un immense chantier. Toutes les rues résonnent du bruit des marteaux et des pioches. Partout, des grues dressent au-dessus des passants leurs grands bras métalliques ; partout l'ont voit des échafaudages qui apparaissent comme d'immenses forteresses en bois.

Toutes les propriétés ayant été « collectivisées », rien n'empêche plus les urbanistes déchaînés de réaliser leurs conceptions. Ici, Le Corbusier est roi. On fait un garage d'un manège impérial ; une station de métro s'installe dans une église, et l'on a une telle haine de l'ornement qu'on détruit à coups de marteau les moulures en staff qui enchantèrent les hommes de 1900. On veut arriver jusqu'à la brique, parce qu'il faut que le rouge domine. Cette couleur qui fascina toujours les Moscovites — ici, beau et rouge sont synonymes — est si largement répandue dans le paysage qu'elle fatigue les yeux au point de les blesser. Les toits sont de tôle peinte en rouge, les murs du Kremlin sont rouges, le mausolée de Lénine est en marbre noir et rouge. Le comportement des habitants s'harmonise avec cette atmosphère d'incendie. Ici, point de politesse, point de conversations sur les trottoirs rétrécis par les palissades et encombrés de matériaux. Des représentants de vingt peuples, dont beaucoup sont peu familiers aux Français, se heurtent dans leur ruée vers le travail : Slaves bonds au front haut, Levantins aux joues maigres et noires, Tartares à la tignasse dramatique et aux yeux de feu, Mongols au nez écrasé et aux pommettes boursouflées, Allemands lourdement attentifs et juifs maîtres du pavé. Tous hâtent le pas pour satisfaire aux nécessités du deuxième plan quinquennal. Sur chaque place, ils côtoient un immeuble de dix étages réservés à l'un des services de l'État et cette vue leur rappelle que le Commissariat du peuple pour l'Agriculture veille sur les terres « collectivisées », que l'Institut de la métallurgie lourde prépare de nouvelles usines, que le Bureau du Commerce intensifie la vente à l'étranger, que l'Internationale communiste a les yeux fixés sur l'Extrême-Orient, que le Soviet de Moscou entend inaugurer dans quelques mois le Métropolitain, et que le Commissariat pour les Affaires intérieures, s'il ne s'appelle plus Guépéou, surveille avec la même attention que naguère les contre-révolutionnaires, les saboteurs et les négligents.

Le Moscovite comprend qu'il n'a qu'un devoir possible : remplir son rôle de rouage dans l'immense machine. D'ailleurs, dans chaque rue, dans chaque magasin, dans chaque bureau, même dans chaque appartement, des effigies de Lénine, de Staline et de Vorotsilov, tantôt souriantes, tantôt menaçantes, lui ordonnent de travailler pour la Troisième Internationale.

On ne peut s'imaginer l'effort de propagande que les Soviets accomplissent. C'est quelque chose d'obsédant et de puéril, mais c'est quelque chose qui n'est pas dépourvu de grandeur […].

On pense à l'homme qui vit ici s'essouffler sa fortune miraculeuse et l'éternelle question se présente à l'esprit : Qui triomphera demain ? L'Occident ou l'Orient ? La petite propriété ceinte d'une haie que les Français aiment tant ou la steppe, hier amorphe, et qui, aujourd'hui, s'organise autour des machines de Staline plus solidement qu'elle ne le fut jamais autour du trône d'un tsar ?? Question à laquelle il faudra bien répondre. Contentons-nous de rappeler quelques faits fortement établis. Constatons qu'en Russie 80 % de la culture et 100 % de l'industrie sont actuellement « collectivisés ». Ajoutons que le « commerce libre » a pour ainsi dire complètement disparu et que, malgré cela, la Russie vit pauvrement, mais avec intensité.

Maurice Germain

N° 740 — 8 NOVEMBRE 1934

Liberté et loyauté. À propos des événements d'Espagne

D'une façon générale, le parti où se trouve l'armée régulière a la supériorité sur l'autre parti. Si l'armée est divisée, ce sera la guerre civile. Pourtant, l'armée, qui a pour haute mission de défendre la patrie, ne devrait pas être mêlée aux luttes politiques, mais, quand éclate une révolte contre les pouvoirs établis, le gouvernement se défend par mes armes.

La première appelée est l'armée. Les citoyens arrivent à la rescousse. Le gouvernement de Vienne le fit en février contre les socialistes, le gouvernement de Madrid l'a fait ces jours derniers. Malheureusement, il sera difficile, dans une telle éventualité sanglante, que l'élément militaire ne prenne pas une part plus active au pouvoir politique, en l'inclinant vers la réaction et l'instauration d'un régime autoritaire. Il en est ainsi aujourd'hui à Vienne, à Berlin, où c'est le Reichswehr qui commande. Espérons qu'à Madrid les hommes politiques éviteront de pousser l'élément militaire à renouveler le pronunciamiento dans une période aussi critique de l'histoire espagnole.

La loyauté envers la liberté n'est pas seulement un devoir des peuples envers l'État, elle est aussi un devoir des gouvernants envers l'État, envers le peuple. Ceux qui ont proclamé à Barcelone la République de Catalogne et la nouvelle Fédération espagnole ont manqué à cette loyauté. Que l'on puisse désirer ou vouloir une autonomie de la Catalogne différente de ce qu'elle est aujourd'hui, cela n'est pas défendu sous un régime de liberté. Mais le moyen de soutenir de telles revendications n'est ni une proclamation contraire au traité d'autonomie et aux lois en vigueur, ni une insurrection armée. Ce moyen, c'est la discussion, la propagande, la persuasion.

Aujourd'hui, on discute à Barcelone et à Madrid si l'actuelle autonomie de la Catalogne, telle qu'elle est, est compatible avec la sécurité de l'État. C'est une discussion légitime après les événements du 6 octobre. Pourtant, il faut se garder d'enfreindre, de même que l'autre parti, les méthodes de liberté et le respect des pactes. S'il y a des modifications à apporter, elles ne doivent pas se faite par la violence, mais loyalement, des deux côtés. Les Catalans doivent assurer à l'État qu'ils ne seront pas un élément déloyal dans l'exercice de la liberté. L'État, lui, pour respecter l'autonomie catalane doit être certain de ne pas avoir à envoyer une autre fois les troupes contre la Maison générale catalane. [...]

Entre les violences des révoltes et les représailles de la réaction, on passe toujours beaucoup de temps à détruire et à reconstruire, et c'est une illusion de croire qu'on puisse hâter le bien public en le pressant. Au contraire, avec la liberté, la reconstruction sera plus lente, mais plus sûre et l'ordre, qui en dérivera, préservera le pays des soulèvements et des guerres civiles.

Luigi Sturzo

N° 744 —13 NOVEMBRE 1934

Prague-Ankara

Je n'oublierai jamais l'étonnement fortement mêlé de scepticisme qui me saisit lorsque, il y a cinq ans, M. Benes, me parlant du futur resserrement de la Petite-Entente, m'affirmait qu'un jour prochain peut-être, cette collaboration s'étendrait de Prague à la mer Égée. Le rêve qui pouvait alors paraître chimérique est aujourd'hui dépassé par la réalité. On peut même affirmer que de toutes les conséquences de l'assassinat du roi Alexandre, celle-ci a été la plus immédiate. N'est-ce pas à Belgrade, au lendemain des obsèques, que les représentants de la Petite-Entente et ceux de l'Entente balkanique adoptaient une déclaration commune dont on n'a peut-être pas assez souligné la noble sagesse ? Aujourd'hui, on annonce d'Ankara que le Conseil de l'Entente-Balkanique vient d'adopter un double statut politique et économique qui rend le parallélisme avec la Petite-Entente encore plus frappant.

Parallélisme dans l'organisation, mais coordination dans l'action commune. M. Titulesco, en prenant le chemin de la Turquie, a démenti les bruits de la fusion qui couraient depuis quelques jours. Les hommes qui sont à la tête des deux groupements sont beaucoup trop réalistes pour essayer de réunir en un même bloc des États que leur seule position géographique suffit à rendre très divers. Mais que la collaboration puisse et doive être particulièrement étroite, cela résulte nécessairement du fait que deux États sur les cinq intéressés font partie de l'un et de l'autre groupement. Et ce qui rend cette collaboration unique en Europe, c'est que, pour la première fois depuis

1918, elle associe dans une même commune volonté de maintenir le statu quo et d'affermir la paix, des vainqueurs et des vaincus. On dira qu'il ne manque pas d'ombres à ce tableau. La Bulgarie sollicitée une fois de plus par Tewfik Rouch Bey, lors de son récent passage à Sofia, n'a pas cru pouvoir encore s'associer au concert balkanique. Quant à l'Albanie, non contente de bouder la nouvelle constellation, elle témoigne, à l'occasion de sa mauvaise humeur, plus particulièrement dirigée contre la Grèce. Tout récemment, en Haute-Épire, les vitres d'un consulat de Grèce ont volé en éclats sous les projectiles d'une foulée furieuse à laquelle la police semblait ne s'opposer qu'assez mollement.

Au sein même de la Petite-Entente, bien des inconnues subsistent. En Roumanie, la Pologne use de tout son crédit pour faire le jeu de l'Allemagne et sème d'obstacles la voie de M. Titulesco. La Yougoslavie, très durement touchée par la mort de son roi, cherche sa voie entre une dictature militaire qui pourrait amener un dangereux retour au panserbisme et un gouvernement démocratique, qui risquerait de rouvrir la porte aux querelles dont le pays a failli mourir. En politique extérieure, Belgrade poursuit plus ou moins avec Berlin, le flirt auquel Alexandre 1er lui-même, n'avait pas craint de prêter la main. À Prague, une rude bataille électorale se prépare qui, d'ores et déjà, absorbe les forces vives des partis. Tout cela, complexe, enchevêtré, incertain comme la vie elle-même, peut fournir aux pessimistes de beaux sujets d'inquiétude. Pourtant, il suffit d'avoir approché les hommes qui, de Prague à Ankara, ont entre les mains les destinées des peuples, il suffit d'avoir pris avec ces peuples des contacts, si rapides fussent-ils, pour être confiant dans l'avenir. La Petite-Entente, l'Entente balkanique, demain sans doute l'Entente Baltique déjà virtuellement réalisée en donnent à l'Europe une leçon et un exemple. Les peuples qui les composent s'efforcent d'effacer toute trace des dissentiments qui, hier, les opposaient cruellement et qui pourraient renaître demain. Ils se réjouissent de l'attitude pacifique de l'URSS, des encouragements de la France, de la neutralité dans l'ensemble bienveillante de l'Angleterre, mais se refusent catégoriquement à prendre les grandes puissances comme arbitres de leurs destinées.

Ils se demandent non sans inquiétude ce qui adviendra du plébiscite sarrois, des intrigues qui se poursuivent en Autriche, des pourparlers franco-italiens, des prétentions toujours plus nettement affirmées de la Hongrie. Sentant venir l'orage, ils serrent instinctivement les rangs, assurés toutefois que l'étincelle ne partira pas de chez eux.

Hubert Beuve-Méry

N° 764 — 6 DÉCEMBRE 1934

Le souvenir de Clemenceau

Il y avait deux hommes en Clemenceau. L'un naturel, spontané, excessif, incohérent, même parfois ; était grand. Il durera. L'autre, empêtré dans une formation républicaine et scientiste est soumis aux fluctuations de la mode. Il n'atteint pas l'essentiel. Il abuse des périphrases tourmentées et de la pure idéologie rousseauiste. Les mots ne sont plus employés par lui dans leur sens vulgaire qui est presque toujours leur sens le plus précis et le plus plein. Ils sont sollicités. Les phrases sont lourdes, chargées dé génitifs et d'incidentes. Certains paragraphes de ces discours ressemblent alors à des fourrés remplis d'épines dont il est difficile de s'approcher. Puis, soudain, tout s'éclaire et entre les branches on découvre le ciel bleu. Le ciel bleu, c'est-à-dire le vrai, l'authentique Clemenceau. La gouaille féroce, la sérénité du vieillard qui reconnaît ses fautes, la simple grandeur, voilà alors son climat.

Tout cela, je le savais. Ce que je ne savais pas, c'est combien ce violent, ce brise-tout, ce révolutionnaire était un tendre. Du moins je ne l'avais jamais senti si continûment. [...]

Toute sa vie, Clemenceau chercha un objet à quoi appliquer sa ferveur. Le mariage le déçut. Les cadres de son parti étaient bien étroits pour le retenir. Il n'était pas religieux. Seul contre tous, il s'amusa longtemps à se prouver sa propre puissance. Pour une âme noble, ces jeux-là sont assez vite vains, et Clemenceau vieillissant sans avoir rien vraiment réalisé était devenu trop grand pour lui. Il était sans emploi. La guerre lui offrit une dernière chance. Une ultime affectation. C'est elle qu'il chercha à saisir dans ses promenades aux tranchées lorsque, président de la Commission de l'armée, il prenait plaisir à ramper jusqu'aux avant-postes. Les soldats aimèrent ce vieux radical bougon et entêté dont les gestes impulsifs furent vite célèbres. Clemenceau sentit pour a première fois une foule répondre à son appel. Devant ce peuple enfoui dans la boue, il pouvait enfin abdiquer son orgueil et libérer son cœur. L'opinion tout entière s'émut. Porté par elle il s'engagea définitivement « dans le collier de l'action ». Mais c'est au front, mêlé aux paysans-soldats qu'il retrouvait ses raisons sentimentales d'agir.

Le programme que Clemenceau proposait en 1917 n'a rien perdu de son actualité. Il prend seulement un accent nouveau. Si le vieillard qui acheva sa vie là-bas, face à la mer, parmi les fleurs et l'embrun, dans une maison vendéenne, pouvait nous conseiller encore, j'imagine qu'il répéterait ce qu'il écrivait le jour de la mobilisation : « Il est temps que nous connaissions la joie de nous aimer. »

Georges Hourdin

ANNÉE 1935

Nuages noirs sur la mer Rouge... Italie et Éthiopie
Les résultats économiques obtenus par l'Italie en Afrique orientale sont médiocres. Ils pourraient s'améliorer beaucoup si la métropole avait l'audace de pousser la pénétration en Éthiopie. Voilà toute la question coloniale africaine, vue de Rome. Précisons un peu, puis qu'aussi bien M. Mussolini entretient vraisemblablement de ses préoccupations notre ministre des Affaires étrangères, et, sur les cartes déployées, promène son regard de Djibouti et d'Obok à Addis Abeba.

La Somalie, avec partie du Kenya, s'étend sur 500 000 km² et compte 990 000 habitants, en majorité musulmans nomades. L'Érythrée s'étend sur 120 000 km², avec une population de 617 000 habitants, musulmans et chrétiens. Dans les deux colonies vivent environ 6 000 Européens. Que produisent-elles ? Du coton, du café, des bananes, de l'arachide, de la doura ou sorgho (farine de couscousse et fourrage), un peu de maïs et de canne à sucre. Il y a, dit-on, ça et là, quelques gisements de pétrole, de fer et même d'or (?). L'on trouve, en tout cas, des phosphates et de la potasse. Il existe enfin, dans ce pays, des salines, de pêcheries, trois ou quatre fabriques de boutons de nacre. Mais les indigènes n'aiment pas travailler ; l'on ne parvient pas à fixer les nomades. Le climat, du reste, n'est pas des plus sains et le sol, sur des dizaines de milliers d'hectares, est ingrat. En 1920, le très courageux prince d'Aoste, duc des Abruzzes, mort en 1933, fonda la Societé Agricola Italo-Somala ou SAI pour la production du coton. Capital : 20, puis 35 millions de lire. Concession :

25 000 hectares. Travailleurs : 2 600 familles. Productions annexes : arachides, bananes, canne à sucre, maïs. Bons résultats et bénéfices normaux. Jusqu'en 1932… Mais aujourd'hui, l'affaire paraît décliner. En 1924, l'on créa la Genale, également pour l'exploitation du coton. Cent lots de 75 à 600 hectares chacun. Échec complet et pertes sensibles. L'on fit alors de la banane et du ricin, à quoi travaillent 4 000 familles ; l'affaire paraît bonne et est en progrès depuis 1931. Mais elle a des concurrents anglais et français, ailleurs, qui la menacent déjà. Les Salines de Hafoun (Société Migiurtina) accusent des pertes énormes ; leur passif est de 90 millions. La balance commerciale de la Somalie est, du reste, lourdement défavorable comme celle de l'Érythrée. Les budgets de ces deux territoires sont en déficit constant, à la charge du Trésor italien. Les dépenses militaires s'ajoutent aux déceptions économiques. Bref, pour 1933-1934, les prévisions de recettes étant de 22 millions, il a fallu chiffrer les prévisions de dépenses à 70 millions.

Que sont les perspectives vers l'avenir ? Peu brillantes assurément en Érythrée. C'est le directeur de l'Afrique orientale au ministère italien des Colonies qui le déclare lui-même. M. Gabelli estime que, dans ce pays, l'agriculture peut tout juste nourrir les indigènes. On y pourra faire un peu d'élevage ; mais ce serra toujours une colonie pauvre.

En Somalie, c'est mieux. La moitié des terres environ, soit 200 à 220 000 hectares, peut être irriguée, cultivée et produire intensivement des denrées tropicales… mais tout ceci est encore théorique. Le climat est contraire, dit l'expert de Cillis (*Azione coloniale*, 20 sept. 1932) à toute colonisation démographique. La population est clairsemée et n'aime pas le travail, qu'elle imposait jadis à des esclaves, aujourd'hui affranchis et embauchés par l'Italie, mais eux-mêmes peu laborieux. Dans l'ensemble, esclave ou homme libre, le Somalien se refuse à être employé dans les plantations ; il est essentiellement nomade… » Ces territoires sont, pour les Romains, « les pierres d'attente d'un édifice à construire, des jalons dressés à l'origine d'une route à suivre. Édifice que l'on entrevoit immense, route qu'on espère devoir être longue, sans trop savoir encore quel sera cet édifice, où conduira cette route. Pays limitrophes, mer Rouge, océan Indien, tels sont les théâtres sur lesquels le général de Bono escompte que s'exercera l'activité de ses concitoyens, sans préciser au surplus davantage ».

Depuis le jour où le général-ministre de Bono indiquait vaguement les champs d'expansion de l'Italie, un premier objectif s'est précisé : c'est l'Éthiopie. C'est là que nos voisins latins veulent s'installer, commander et trafiquer. Ils l'ont dit et répété sans détour dans leur presse quotidienne, dans leurs revues, dans leurs conférences. L'Éthiopie sépare Érythrée et Somalie. L'Éthiopie est assez riche et son peuple est intéressant... Il faut réunir en un ensemble des possessions et protectorats ces trois pays. Tel est le rêve de l'Italie — et c'est avec une obstination sans défaillance qu'elle travaillera à le réaliser.

Seulement, on se battra, et on se battra rudement. L'Éthiopie possède une armée solide, bien instruite par les Belges, demain perfectionnée par les Japonais, que l'on accueille abondamment depuis trois ou quatre ans à Addis-Abeba. Je crains que des tempêtes ne se préparent aux bords brûlants du golfe d'Aden... À moins que la Société des Nations...

L. A. Pagès

N° 789 — 6-7 JANVIER 1935

L'attitude du clergé sarrois et de l'épiscopat allemand

Le racisme païen est une chose. Le patriotisme allemand en est une autre. Aux jours sombres du combisme, les évêques français ont-ils confondu la France avec le régime abject ? A-t-on même en 1904, empêché les catholiques de France de prier pour le retour de l'Alsace-Lorraine à la mère-patrie, ce qu'ils n'ont jamais cessé de faire — et publiquement — jusqu'en 1918 ? Il faut se rappeler ces choses pour juger sans passion l'attitude de l'épiscopat catholique du Reich. Et le souvenir aussi que, liée par un Concordat, la hiérarchie religieuse est moins indépendante en Allemagne qu'en France.

Cela nous rend plus livres pour dire que nous ne partageons pas du tout les espoirs des évêques allemands et des curés-doyens quant à un adoucissement du nouveau Kulturkampf. Même et surtout dans l'hypothèse où le plébiscite rendrait à Hitler les quelque cinq cent mille catholiques de La Sarre

Louis Terrenoire

N° 812 — 2 FÉVRIER 1935

478 844

Des chômeurs, encore des chômeurs. Chiffre officiel : 478 844. Et il manque à ce chiffre tous ceux qui vivent dans une commune où il n'y a pas de fond de chômage, tous ceux qui se serrent la ceinture sans rien demander, tous ceux qui n'osent pas solliciter, tous ceux dont la situation est mal définie, tous ceux qui pour un motif quelconque souffrent loin du maigre abri des lois.

Dire qu'il y a encore des gens pour vilipender les réformes sociales ! L'immense armée des pauvres, ceux des villes et ceux des campagnes, les environne de toute part, et ils continuent leur antienne sur l'ouvrière en bas de soie et sur le bourgeois aux trois quarts ruiné. Oui, le bourgeois est aux trois quarts ruiné, mais c'est une raison de plus de maintenir et d'étendre la législation protectrice des faibles.

Quelle que soit leur situation sociale, quelle que soit leur allégeance politique, les hommes de cœur doivent comprendre leur devoir. Il ne s'agit plus d'assigner une limite à des prétentions jugées excessives, il ne s'agit plus de freiner des revendications révolutionnaires : il s'agit de prêter l'oreille à la détresse la plus profonde et la plus injuste, il s'agit de préserver du geste de suprême désespoir des travailleurs qui n'ont pas démérité.

Les vieilles formules de l'orthodoxie économique nous ont menés où nous en sommes. C'est assez et c'est trop. Notre hostilité est d'avance acquise à quiconque entreprendrait de prolonger leur règne désastreux. Il y a des hommes qui meurent de faim. Il y a des enfants qui grelottent. Il y a de braves gens dont la colère serre les poings. Il y a de rudes travailleurs qui pleurent leur métier perdu. Ces choses condamnent le régime qui les a rendues possibles, s'il ne les a pas rendues inévitables.

Qu'on appelle du nom qu'on voudra l'effort de sauvetage qui s'impose d'urgence. Qu'on aille aux plus rudes extrémités. Mais qu'on trouve quelque chose, quelque chose d'efficace. Nous ne demandons pas le miracle, nous exigeons l'action. Le gouvernement a les meilleures intentions, sa résolution vigoureuse possède notre entière sympathie. La conjoncture économique lui a été jusqu'ici contraire. Il faut que rien ne décourage son effort. Qu'il continue, qu'il accélère. Tout peut dépendre des résultats qu'il obtiendra, y compris l'ordre dans la rue et le sort des libertés publiques.

On interpelle à la Chambre sur ces problèmes. Les incertitudes des responsables se conçoivent, car rien n'est moins simple. Mais il y a un élément indispensable à toute solution : c'est le calme et le sang-froid de l'opinion publique. Pour que le chômage baisse et pour que les affaires reprennent, il faut que le gouvernement trouve la bonne voie, mais il faut d'abord que la tranquillité, et, avec elle, la confiance ressuscitent. Espérons que cette nécessité sera comprise des deux côtés par les amateurs d'anniversaire.

Georges Bidault

N° 816 — 7 FÉVRIER 1935

Les troubles d'Algérie

Le massacre de Constantine a causé une émotion considérable en France et dans le mois dernier ; des agents français procédant à une arrestation étaient matraqués par une foule indigène ; le 1er février, enfin, un poste de police à Sétif est pris d'assaut par des indigènes.

Ces seuls faits connus du public de la métropole suffiraient à faire saisir la nécessité de suivre de près la situation en Algérie et de prendre des mesures efficaces, car la presse algérienne et les agences qui informent la métropole étouffent combien d'autres incidents.

On impute un peu trop l'hostilité séculaire des races et des religions arabe et israélite ; ces troubles ont des causes plus profondes ; l'Algérie souffre de la crise.

L'économie algérienne est surtout agricole. Or, le blé et le vin ne se vendent pas. Les colons sont endettés, nombreux risquent l'expropriation judiciaire, les fellahs sont dans la misère, souffrent de la faim et de la maladie. Aux derniers conseils de révision, à peine 18 % des conscrits étaient reconnus aptes au service... Quant aux indigènes qui louent leurs bras – et ils ne peuvent le faire qu'à la bonne saison —, ils ne sont payés dans le département de Constantine que 5 à 8 francs par jour. Comment peuvent-ils faire vivre leurs familles alors que le kilo de pain coûte 2 francs ? Il n'était aucunement question de juifs dans les incidents qui ont marqué les manifestations de dockers indigènes d'Alger contre le bateau Bacchus, récemment inauguré pour le transport des vins entre Alger et Rouen. Ce bateau-citerne supprime manutention des tonneaux, puisque le vin est directement déversé des caves des négociants dans les citernes du bateau. Ce sont des centaines de travailleurs des quais vivant de la fabrication et de la manutention des fûts qui se trouvent réduits au chômage définitif.

Il est évident que cette population qui souffre est une proie facile pour les agitateurs de toutes origines pan-islamistes ou hitlériens qui depuis quelques mois ont pris la succession des agitateurs communistes, peut-être à la suite des accords franco-russes. L'accord franco-allemand avant le 13 janvier a certainement contribué à arrêter une agitation indigène ici, car les indigènes les plus frustres propageaient le mot « Sarre », croyaient à la guerre entre la France et l'Allemagne qui devait être le signal d'une insurrection arabe pour que les jeunes n'aillent plus se faire tuer en Europe

Il doit être noté également que de nombreux incidents ont éclaté dans les quartiers réservés des diverses villes et que le problème de la prostitution prend une importance politique insoupçonnée, car elle confirme les thèses de nos amis Ghemalhing et Delamarre qui valent non seulement pour la métropole, mais aussi en Afrique du Nord.

Pour parer aux troubles qui reviennent sans cesse en Algérie, quelles mesures sont prises ? Des dispositions d'ordre, des plans de sécurité, des mesures de police. Des milices ont été créées en plusieurs centres ; surtout, la garde mobile fait son apparition en Algérie. Plusieurs de ces mesures d'autorité étaient indispensables. Par contre, nous craignons que la garde mobile qui va faire dans le budget déjà déficitaire de l'Algérie un trou de 100 millions ne rende pas les services correspondant à une pareille dépense.

Il serait désirable que l'administration prenne des mesures contre la cause même des troubles : le chômage et la misère des indigènes, la ruine des colons. Les indigènes sont victimes de l'usure, ils subissent pour des taudis des loyers scandaleux ; des réglementations sont possibles. Les fellahs et les colons poursuivis par le fisc pour des paiements d'impôts forfaitaires établis au temps de la prospérité devraient pouvoir se libérer par un paiement en nature, même s'il faut innover en législation fiscale ; tout un exemple de mesures, un véritable « plan » ont été élaborés par nos amis ; en tête desquels l'aube compte un de ses collaborateurs, notre ami M. Pasquier-Bronde, Premier adjoint au maire d'Alger et animateur des institutions agricoles d'Algérie. Il conviendrait que de multiples services de l'administration ne se cantonnent pas à des mesures de répression, mais comprennent l'esprit de « plan » et collaborent avec les institutions agricoles pour revivifier l'économie algérienne.

Jean Scelles

N° 859 — 29 MARS 1935

Trois élections, une honte

L'Académie française va avoir trois cents ans. Il est fâcheux que les faiblesses de ce grand âge n'aient jamais aussi clairement apparu qu'à la veille du jour où nous n'eussions pas demandé mieux que de rendre hommage à une institution séculaire. Puis-je dire que je ne trouve pas scandaleux que l'Académie ait jadis appelé dans son sein un duc de Coislin, âgé tout juste de dix-sept ans, et qui par la suite n'enrichit jamais d'une ligne les trois ou quatre paragraphes assez piteux de son discours de remerciement ? Puis-je aggraver mon cas en avouant que l'élection d'un Jonnart ne m'a pas scandalisé ? Puis-je ajouter encore que l'élection des maréchaux vainqueurs m'a paru non seulement explicable, mais nécessaire ? À aucun moment de son histoire, l'Académie française n'a été exclusivement recrutée parmi les hommes de lettres. Elle a toujours fait place aux grands serviteurs de l'État, à ceux qui, même sans rien publier, ont consacré leur existence à défendre la royauté ou, plus tard, à glorifier la nation.

Il n'y a donc pas lieu de s'étonner si l'Académie fait parfois des choix au premier abord singuliers, à condition toutefois qu'elle appelle à l'« immortalité » des hommes qui n'en soient pas indignes. L'expérience du passé témoigne surabondamment que les mérites littéraires ne sont pas exclusifs ni même prépondérants dans les élections académiques. Il demeure que la glorieuse assemblée des quarante se doit et nous doit de ne pas favoriser des illettrés ni des grotesques.

Les élections d'hier ne nous donnent pas à ce sujet les satisfactions auxquelles nous avons droit. Trois scrutins, trois résultats, trois élus dont le principal mérite est de sympathiser avec l'Action française.

À l'abbé Bremond, M. Bellesort succédera. C'est certainement le vote le plus acceptable. L'homme qui devra faire l'éloge du grand esprit disparu est un partisan, non un sectaire. Même s'il n'était pas devenu sur le tard un admirateur du nationalisme intégral, M. Belle-sort avait dans son bagage de quoi mériter largement l'habit vert.

Au fauteuil de Raymond Poincaré, c'est M. Jacques Bainville qui a été élu. Collaborateur de l'Action française, de La Liberté, du Petit Parisien, le nouvel immortel est un des plus distingués et des plus habiles parmi les fils intellectuels de Voltaire. C'est un spectacle touchant que de noir les tenants du nationalisme intégral porter leur hommage à cet homme si partagé de toute croyance et de tout sys-tème. Une carrière bien conduite, un labeur diligent, une prudence jamais en défaut reçurent hier leur récompense. M. René Pinon n'a eu que cinq voix et M. Daniel Halevy que deux voix. Et pourtant, ni l'un ni l'autre ne pouvaient inquiéter personne. M. Daniel Halevy avait même dépensé — non sans faire souffrir ceux qui se souvien-nent — un plus grand talent à réjouir la droite la plus extrême. Cela n'a pas suffi. On a préféré en M. Jacques Bainville une forme discrète de l'Action française... Maurras jadis fut largement battu. J'aime mieux Maurras. En fin de compte cependant, M. Bainville, même après M. Bellesort, n'est pas un choix révoltant. Le choix révoltant, l'Académie l'a fait d'enthousiasme lorsqu'elle a préféré M. Claude Farrère à M. Paul Claudel.

Disons nettement ce que nous pensons, ce que pensera toute âme exempte des lâchetés séniles : ce choix est abject. Je n'ai pas à m'occuper ici de la poétique de Claudel. Je n'ai pas à m'occuper des adversaires que telle de ses déclarations a pu lui faire parmi les chiens couchants que tenaille la frousse des vengeances d'Action française. Je dis qu'ayant à choisir entre Claudel et Farrère, les hommes qui ont choisi Farrère se sont déshonorés [...].

Claudel, si vous aviez été battu par Arnould Galopin ou par Michel Zévaco, vous pourriez ressentir quelque amertume. Vous eussiez été vaincu par une autre sorte de génie. Mais vous laissez la place à Farrère. Réjouissez-vous. C'est trop beau. On ne le croirait pas si ce n'était imprimé dans tous les journaux. Il faut bien que les jours difficiles où nous sommes nous gardent quelques occasions de rire. Et ce rire vengeur durera quelques siècles...

Georges Bidault

N° 861 — 31 MARS - 1ᴱᴿ AVRIL 1935

Un problème de conscience

Admettons pour prendre une hypothèse favorable, que l'Italie ait raison et que l'Abyssinie ait tort ; pourquoi le gouvernement fasciste a-t-il refusé l'arbitrage proposé par le Négus après l'incident d'Oual-Oual ? Le Parlement n'en sait pas les raisons ; aucun journal ne peut discuter ce point ; et pourtant c'est le point essentiel pour décider s'il s'agit d'une guerre juste ou non.

Saint Thomas d'Aquin expliquant et précisant la doctrine scolastique de son temps sur la guerre juste, affirme que parmi les conditions qui rendent une guerre licite doit se trouver (outre le le bien-fondé du droit de la défense ou de l'attaque), la nécessité — c'est-à-dire que pour restaurer l'ordre ou revendiquer le droit lésé, il n'existe d'autre moyen que la guerre.

Dans le cas présent, ce caractère de nécessité manque complètement, car l'une des parties, l'Abyssinie, est disposée à soumettre la question à un arbitrage. Voilà le moyen propre à éviter la guerre. En outre, c'est un moyen dont on est convenu (par le pacte de 1927) et que l'Italie est, en justice, obligée d'accepter. De ce point de vue, le problème de conscience qui se pose est pour tous des plus graves.

Au moyen âge, quand un tel problème surgissait et qu'on se demandait si une guerre était juste ou non, chaque corps constitué pouvait prendre ses décisions. Les vassaux pouvaient refuser le concours militaire féodal à leur seigneur ; les communes et les corporations ne fournissaient pas les liens matériels ; l'Église pouvait intervenir, par voie d'ambassades ou par les excommunications et les interdits. Il y avait des moyens pour affirmer les droits de la conscience.

[…]

Mais dans les États totalitaires modernes, toute voix libre, toute discussion franche, toute possibilité de divergence sont supprimées ; ainsi le problème de conscience concernant la justice d'une guerre demeurera confiné dans la pensée de chacun ; il ne pourra être résolu sur le plan de la moralité publique.

La Société des Nations devait, à l'époque actuelle, servir à éviter toute guerre ou du moins à créer une procédure obligatoire qui rendrait publics les motifs d'une guerre et en mettrait au clair les raisons de justice.

L'Abyssinie a eu recours une première fois à la Société des Nations ; mais l'Angleterre et la France, craignant que l'Italie ne quittât Genève, persuadèrent l'Abyssinie de reprendre les conversations avec l'Italie. Ces conversations n'ont pu être poursuivies et le Négus retourne à Genève. On fait, et avec raison, grand cas de l'acte unilatéral de Hitler violant le traité de Versailles et la France a eu recours à la Société des Nations. La position du Négus est-elle différente ?

Genève a le devoir, dans un cas et dans l'autre, de défendre le droit contre l'arbitraire et de prévenir la guerre d'agression.

Luigi Sturzo

N° 891 — 7 MAI 1935

Plaidoyer pour les catholiques qui ont voté pour M. Chiappe

Aussi, sans hésiter, je plaide l'excuse de l'ignorance pour l'immense majorité des catholiques qui ont voté pour M. Jean Chiappe. Il en est cependant quelques-uns qui, manifestement, étaient plus avertis. Ils savaient qui était M. Jean Chiappe. Ils étaient parfaitement édifiés sur la valeur morale du personnage. Oui, j'en ai rencontré qui nous éclairaient avec véhémence : « Bien sûr, nous savons que celui-ci ne vaut pas mieux que les autres. Mais il s'agit d'élire un conseiller municipal qui s'y connaisse, un conseiller qui serve bien nos intérêts et ceux du quartier, un conseiller qui ait le bras long ? Il ne s'agit pas d'élire une rosière ». Un autre, poussant le même raisonnement, s'étonne de notre candeur : « Vous n'ignorez pas, répétait-il, qu'on ne fait pas la police avec des archevêques ! »

Là, j'avoue que je n'ai pas su répondre. J'ai tristement baissé la tête pour cacher aux anticléricaux qui nous écoutaient, ma confusion et ma honte.

L'esprit païen de l'« Action française » a donc opéré de tes ravages dans l'âme des catholiques quelquefois éminents en dignité ! On croit utile, on croit habile « d'utiliser » (quoi qu'on dit !) tous les aventuriers de la politique sans trop se préoccuper de moralité. L'histoire des Boulanger et des Syveton, des Drumont et des Cassagnac, des Léo Taxil et des Maurras n'a pas encore instruit certains catholiques !

Ceux-ci pardonnent tout à quiconque fait une, politique de droite, son passé douteux, les « accidents » de sa vie privée, ses duels, son athéisme, tandis que du démocrate, fût-il chrétien, ils contestent, à tout propos, et hors de propos, l'orthodoxie.

Eh bien ! je le dis tout net, pour eux, je ne saurais prononcer de plaidoyer. Je ne puis que dénoncer leur inconscience. Leurs propos m'ont scandalisé, comme ils ont scandalisé des catholiques moins avertis, comme ils ont scandalisé des incroyants de bonne foi, de ces âmes auxquelles le cardinal Pacelli pensait plus spécialement au cours du *Te Deum* de Lourdes.

Puis, ces complaisances sur des hommes douteux scandalisent ceux qui croient, de toutes leurs forces, que les catholiques ont le devoir de s'employer à restaurer dans notre pays les valeurs spirituelles. S'il est vrai que les policiers ne sont pas recrutés parmi les archevêques, il est bien clair que ceux qui ont l'honneur de fournir ce terme de comparaison, c'est-à-dire les fidèles et leurs pasteurs, compromettent l'idéal chrétien en affichant ostensiblement leur confiance en un homme qui se propose de transporter dans la politique certains procédés de basse police. Les considérations permettent de situer dans sa vraie perspective l'acte courageux posé par Jacques Madaule et ses 488 électeurs. Par leur geste symbolique, ils ont solennellement réaffirmé, au nom de la conscience chrétienne, le primat de la morale. Souhaitons que ceux qui ont refusé de s'y associer ne comprennent pas trop tard sa haute signification.

Francisque Gay

N° 902 —19-20 MAI 1935

Jeanne

Il n'est pas besoin d'être très intelligent ou d'avoir l'oreille fine pour entendre la leçon que propose Jeanne d'Arc. Qui ne reconnaîtrait cette jeune paysanne, douce et brave, bonne et fine, dont la piété ne fait qu'échauffer le bon sens. Jeanne est pour nous comme une grande sœur. C'est une amie à laquelle dans les jours sombres nous allons demander conseil et réconfort. Elle est d'ailleurs prête comme autrefois à répondre à notre appel. Nous n'avons pas fait le premier pas vers elle que déjà l'élan de sa charité l'emporte et malgré les théologiens, les commentateurs et les pédants, elle accourt vers nous du fond du passé, du cœur de notre populaire histoire, toujours vaillante et toujours raisonnablement passionnée. Ce n'est pas l'intelligence qui est au début de la vocation de Jeanne : c'est la Charité. Tout ce qu'elle sait de la religion, c'est sa mère qui le lui a enseigné [...].

Jeanne est une mystique dont la tâche n'est jamais achevée, dont le cœur n'est jamais ici-bas rassasié. Et c'est pourquoi, après le sacre de Charles VII, Jeanne continue de batailler. Elle va vers Paris, Compiègne et Rouen. Tout au fond d'elle-même, elle sait bien que c'est vers le martyre que sa charité l'entraîne et elle y marche avec assurance.

Il reste que la figure de Jeanne devrait nous aider à nous mieux comprendre les uns les autres. Autour d'elle, nous pouvons nous réunir. Elle fut assez grande pour n'appartenir à personne et pourtant être à tous. En elle, toutes les traditions françaises se rencontrent. N'est-ce pas le propre des grands mystiques que de concilier dans leur vie et par leur mort les contradictions qui nous déchirent ?

Les royalistes peuvent revendiquer Jeanne qui aperçut si clairement le principe même du régime monarchique. Les républicains aussi peuvent aimer cette fille sortie du peuple qui sauva la France malgré le roi. Les catholiques la vénèrent d'être sainte et les anticléricaux d'avoir été jusqu'au bout indépendante.

Nous avons désormais trois fêtes nationales. Celle de Jeanne est la seule où nous nous sentions vraiment en famille.

Georges Hourdin

N° 908 — 28 MAI 1935

Le voyage de noces du général Goering

Depuis que l'Autriche a perdu toute influence chez les Slaves du Sud, l'Allemagne a hérité sur ce point encore des données permanentes de l'expansion germanique. Jusqu'à l'avènement du IIIe Reich, elle n'avait jamais paru s'en souvenir. Elle n'y sentait pas non plus pour la stimuler la présence et l'action moscovites. On était alors dans toute la sérénité de Rapallo.

Mais en rejetant la Russie hors du cercle de ses amis, Hitler l'a ramenée en Europe. Les Soviets ont renoué la tradition des tsars. Ils ont rétabli la liaison historique avec les Slaves de Tchécoslovaquie, de Yougoslavie et de Bulgarie. De même que vis-à-vis de la France, la volte-face soviétique fut immédiate et totale. Sur tout le champ de l'Europe centrale, le slavisme a retrouvé sa vigueur d'antan. N'étant plus barré par les Habsbourg, il a pu y devancer cette fois le germanisme, plus lointain désormais, plus lent à déclencher sa manœuvre.

Que les Soviets aient pris les devants, il suffit de rappeler quelques dates : juillet 1933, pactes de non-agression avec la Roumanie, la Turquie, la Tchécoslovaquie et la Yougoslavie ; 9 juin 1934, les relations diplomatiques sont rétablies entre l'URSS et la Bulgarie ; 16 mai 1935, pacte d'assistance mutuelle tchéco-russe. À cette action locale, les Soviets ont ajouté le bénéfice de leur entrée à la SDN et celui de leur alliance avec la France.

L'Allemagne s'efforce actuellement de rattraper ce retard et le voyage de M. Goering n'est qu'une manifestation parmi d'autres. Sachant dans quelle détresse économique se débattent les pays balkaniques, elles cherchent à se les gagner en leur consentant des avantages commerciaux. Pour mieux mener sa lutte diplomatique, elle fait abstraction de ses propres difficultés. C'est ainsi qu'elle a ouvert ses frontières aux importations yougoslaves et qu'elle vient de conclure avec Bucarest un accord qui comporte d'importants investissements de capitaux en Roumanie. En ce moment, le ministre de l'Air du Reich fait porter ses efforts en Bulgarie, puis en Grèce. On le voit, le circuit est presque complet.

Seule, la Tchécoslovaquie ne voit venir à elle ni émissaire de qualité ni bonnes grâces économiques. C'est que le IIIe Reich a sur elle d'autres hypothèques dont il ne veut point se dessaisir : les trois millions d'Allemands qui vivent en Bohême. Avec Prague, il ne peut y avoir ni amitié, ni même armistice. La seule perspective est celle d'un règlement de compte. Le jeu de la diplomatie allemande consiste donc à dissocier les éléments de la Petite-Entente, car, tant que subsistent ces deux blocs, toutes ses entreprises sont vaines. C'est à les désagréger que travaillent le général Goering et sa cour ambulante. Cette fois-ci encore, il en sera pour ses frais. Mais il ne faudrait pas que le Pacte danubien se fasse trop attendre…

Louis Terrenoire

N° 952 — 19 JUILLET 1935

Les campagnes antichrétiennes des nazis
Les catholiques sont-ils des communistes ?

L'absurdité de cette question saute aux yeux. Cela n'empêche pas cependant les nazis allemands de lui donner, pour les besoins de leur cause, une réponse affirmative. Le *Volkischer Beoabachter* du 13 juillet 1935, publie en première page une dépêche intitulée : « Une décision fondamentale » qui nous apprend comment la Cour de Cassation prussienne a définitivement légalisé les mesures de police qui mettent les communistes et les catholiques dans la même catégorie.

On sait que la police secrète d'État a émis partout des ordonnances qui interdisent aux œuvres de jeunesse catholiques les réunions publiques, les activités en plein air, les excursions, le scoutisme, les sports, le port d'uniforme, etc. Les membres n'ont même plus le droit de porter leurs insignes. Toutes ces ordonnances se basent sur le décret-loi du président Hindenburg du 28 février 1933 qui commence ainsi : « Conformément à l'article 48 alinéa 2 de la Constitution du Reich, nous décrétons pour la défense contre les actes de violence communistes qui mettent en danger l'État... »

Or, il y a un juge près du tribunal de Hagen en Westphalie qui n'a pas encore suffisamment adapté sa logique personnelle à celle du régime et qui n'a osé acquitter un jeune catholique inculpé d'avoir pris part à une excursion avec des camarades d'une union de jeunesse catholique. Le juge constata que cette excursion ne constituait ni une activité communiste, ni une activité dangereuse de l'État, ni un acte de violence et qu'une ordonnance de police qui restreint les activités de la jeunesse catholique sur la base de ce décret-loi qui ne concerne que les actes de violence communiste dépasse de loin l'objet du décret-loi et ne peut donc être valable. Cet acquittement de Hagen fit un peu sensation, et la *Frankfurter Zeitung* ajouta prudemment : « Il faut maintenant attendre si cette décision sera confirmée par la Cour de cassation. » Il va sans dire qu'elle n'a pas été confirmée. Nous sommes d'ailleurs très curieux de savoir ce qui est arrivé à ce juge incroyablement audacieux du tribunal westphalien... Le plus haut tribunal de Prusse s'est donc prononcé avec toute son autorité séculaire et a annulé le jugement d'acquittement. Les raisons qu'il donne sont si intéressantes qu'il faut les reproduire intégralement et textuellement : « D'après l'intention et le but du décret-loi du Président du Reich du

28 février 1933 qui visent la défense contre les menées communistes de l'extermination inexorable de cette source de dangers, les mesures qui peuvent se baser sur ce décret-loi visent les communistes, mais aussi ceux qui collaborent avec les, pour donner expression à leur opinion particulière, et, ce faisant, indiquer leur particularisme. Cette façon d'attirer l'attention sur une division contient infailliblement le germe d'une décomposition de la nation allemande, et de toute décomposition de ce genre est à même de faciliter les menées communistes et de prêter secours à leurs intentions communistes et soutiennent, même indirectement, leurs buts criminels. »

« La conception du monde national-socialiste se propose d'établir la véritable communauté du peuple de toute la nation allemande, supprimant toutes les contradictions causées par des raisons variées, par exemple par les différences des classes et des confessions. Cette communauté doit réunir sans exception tous les lieux et tous les individus du peuple. Ce qui s'oppose cependant à cette conception et à ce but, grâce au développement des conditions politiques c'est la division confessionnelle au sein du peuple allemand, si les adhérents des confessions montrent expressément la conviction qu'ils représentent en dehors des activités purement ecclésiastiques, pour donner expression à leur opinion particulière, et, ce faisant, indiquer leur particularisme. Cette façon d'attirer l'attention sur une division contient infailliblement le germe d'une décomposition de la nation allemande, et toute décomposition de ce genre est à même de faciliter les menées communistes et de prêter secours à leurs intentions [...] Considérée de ce point de vue, l'activité des milieux confessionnels visés par l'ordonnance de la police secrète d'État constitue sans doute un danger indirect. »

Cette argumentation mérite d'être conservée dans les annales de la jurisprudence. Voilà donc enfin une explication pourquoi des dirigeants catholiques ont été insultés dans d'innombrables discours nazistes comme des communistes. Si un catholique critique par exemple les idées antichrétiennes d'un Rosenberg, il dénonce un chef du parti hitlérien et affaiblit l'influence du parti. Par cela, il facilite les menées communistes, qui veulent détrôner le national-socialisme. Un catholique qui critique le néopaganisme d'un Rosenberg est donc un complice du bolchévisme. C'est la logique du Troisième Reich [...].

Tout ce qui ne plaît pas aux nazis est marxiste. Les journaux du régime qualifient, par exemple, l'hebdomadaire catholique allemand *Der Deutsche Weg*, qui paraît en Hollande pour défendre les catholiques persécutés, de « feuille d'inspiration marxiste », alors que tout le monde sait que le fondateur et principal inspirateur de cet hebdomadaire est le Père Friedrich Muckermann s.j, qui, a passé en 1918 neuf mois dans les geôles soviétiques de Minsk et de Smolensk, qui a publié toute une série de brochures contre le bolchévisme, et qui a toujours été un des dirigeants catholiques les plus actifs dans la lutte contre le communisme.

Le libéralisme, le marxisme, la juiverie, la franc-maçonnerie, le catholicisme, dans les cerveaux primitifs de certains nazis, c'est exactement la même chose. Aucune bêtise n'est aussi grande pour ne pas être annoncée aux lecteurs du journal officiel du Troisième Reich, comme une révélation sensationnelle. Dans la lutte contre le catholicisme, tous les moyens sont bienvenus. Le *Volkischer Beobachter* du 12 juillet 1935 affirme par exemple que l'Église catholique et la franc-maçonnerie mondiale ont conclu une alliance pour combattre ensemble le national-socialisme. Pour prouver l'authenticité de cette nouvelle, on nous dit même la date exacte de la conclusion de cette alliance. C'était le 22 juin 1928. Pour ceux d'entre nos lecteurs qui voudraient se documenter eux-mêmes, nous indiquons qu'ils trouvent cette révélation du docteur Haselbacher dans la première colonne de la sixième page du numéro 103 du *Volkischer Beobachter* (12 juillet 1935).

Docteur Kurt Turmer

N° 975 — 15-16 AOÛT 1935

Le flot montant des peuples de couleur

Le conflit italo-éthiopien, susceptible d'avoir de graves répercussions sur la situation mondiale si les membres de la Société des Nations, et en particulier la France et l'Angleterre, ne s'accordent pas pour imposer le respect des engagements internationaux et le maintien de la paix, tout en accordant à l'Italie les satisfactions légitimes, qui auront provoqué déjà, quelle que soit la solution future du conflit, des conséquences inattendues pour beaucoup. C'est d'abord une manifestation de la solidarité pan-nègre en faveur de l'Éthiopie : les Noirs évolués des colonies françaises et britanniques, les Antillais, surtout les Noirs d'Amérique, tous si différents des Éthiopiens, se sont pourtant sentis frappés au vif par la menace qui pèse sur l'Éthiopie ; c'est un fait bien nouveau que cette solidarité qui témoigne d'un grand progrès de l'idéal national et d'un développement du sentiment racial, auxquels on n'aurait pas cru il y a trente ans. Les mouvements pan-nègres comme le kimbanguisme qui agitent l'Afrique centrale vont y trouver sans doute un nouvel élément de réaction anti-européenne.

Les Noirs ne sont d'ailleurs pas les seuls qui se sentent visés : le ministre de l'Éthiopie à Londres, le docteur Martin, a déclaré à l'envoyé spécial de l'Écho de Paris (24/7/1935) : « Ce conflit dépassera le cadre d'une guerre locale enter l'Abyssinie et l'Italie. Ce sera le brandon qui enflammera toutes les races de couleur contre les blancs, ce sera le début d'une croisade contre les peuples colonisateurs. »

Et, en effet, la menace italienne a provoqué un rapprochement sensible entre populations diverses, sans distinction de religion : il semble bien que les Arabes, qu'ils soient de la Péninsule arabique, d'Égypte, de Palestine, de Syrie, s'unissent dans une commune protestation contre l'intervention italienne, alors qu'on aurait pu croire qu'ils se désintéressent de ce pays en majorité chrétien et qu'une crise intérieure aurait pu permettre l'émancipation de ses provinces musulmanes. Aux Indes anglaises, des meetings de solidarité avec l'Éthiopie ont eu lieu, et Gandhi a commencé une souscription pour venir en aide à ce pays ; À Paris, un Comité d'action éthiopienne a été constitué et il y a quelques semaines, un télégramme était envoyé au secrétaire général de la Société des Nations : « Des représentants des groupements de couleur du monde en guerre, sans distinction de nationalité, de parti et de classe, Côte des Somalis, Algérie, Amérique, Cuba, Guadeloupe, Madagascar, Maroc, Martinique, Guyane, Tunisie, Ouest-Afrique, Syrie, Chine, Indochine, Japon, Sud-Amérique, Amérique centrale, etc. profondément émus de l'évolution du conflit italo-éthiopien » et affirmant leur solidarité avec le peuple éthiopien attirent respectueusement l'attention de M. le secrétaire général de la Société des Nations sur l'éventualité « d'une guerre qui pourrait menacer la paix mondiale ».

Plusieurs meetings furent organisés à Paris, en particulier par l'Union des travailleurs nègres. On se souvient qu'il y a une dizaine d'années, parurent simultanément plusieurs ouvrages signant ou dénonçant ce progrès de l'idée de race et de nation parmi les peuples noirs, jaunes ou bruns. Un écrivain américain, M. Lothrop Stoddard montrant des « peuples de couleur » tandis que M. Maurice Muret annonçait « le crépuscule des races blanches ». C'était déjà en ces dernières années comme un avertissement ou un cri d'alarme selon l'état d'esprit des écrivains. « Le déclin de l'Occident » (Oswald Spengler), « Défense de l'Occident » (Henri Massis), « Le réveil de l'Asie » (René Grousset), « L'inquiétude de l'Orient » (Maurice Pernot), « Menaces sur le monde » (*Crapouillot*), « La menace de barbarie » (Pamphlet), « Tempête sur l'Asie » (film soviétique). Et de fait, les peuples non occidentaux reprennent peu à peu sur la scène de l'histoire la place que l'Orient occupa avant l'Empire romain, et dont les vestiges des antiques civilisations égyptienne, hittite, assyro-chaldéenne, grecque, parthe, sont le seul témoin. Ce réveil de l'Asie pose des problèmes immenses : politiques, économiques, culturels, religieux aussi, et l'on voudrait que notre Europe trop égoïste y songeât un peu plus. Allons-nous assister à un renouvellement de l'équilibre mondial et, comme saint Augustin, à une nouvelle, « invasion des Barbares » en prenant ce mot dans son sens latin, c'est-à-dire tous ceux qui n'étaient pas Romains ? M. Mussolini dénonce avec âpreté ce péril : « Il y a une question préalable qui se pose au sujet de l'Abyssinie, c'est de savoir si l'Europe est encore digne de remplir dans le monde la mission colonisatrice qui depuis plusieurs siècles fait sa grandeur. Si elle ne l'est plus, l'heure de sa décadence est irrémédiablement sonnée… La Société des Nations sera-t-elle le tribunal devant lequel les nègres, les peuples arriérés, les sauvages du monde traîneront les grandes nations qui ont révolutionné et transformé l'humanité ? » (cité par Henri de Kerilis, *Écho de Paris*, 21/7/1935).

Ce dynamisme oublie que les civilisations, comme les peuples, évoluent, et que l'on ne peut pas plus s'en tenir à des relations immuables entre civilisations dites supérieures et civilisations dites inférieures, que de s'en tenir aveuglément à la lettre de certains traités. M. René Pinon a écrit justement à ce propos : « Cette doctrine affirmée que les peuples "civilisés" ont des droits et des devoirs spéciaux a quelque chose, dans la façon dont les maîtres de l'Italie l'expriment, de choquant. Qu'est-ce que la civilisation et quels en sont les critères ? » (*Revue des deux mondes*, 1er août 1935, p. 720). Et d'autre part, comment ne voit-on pas que l'interventionnisme contre un pays d'une ancienne civilisation ne devait qu'exciter ce « réveil de l'Orient » et attiser les nouveaux nationalismes indigènes, inquiets de cette volonté de domination.

Plus encore qu'une compréhension exacte des civilisations, il faut considérer cette rapide évolution des peuples et des races qui se transforment radicalement et tendent à s'émanciper sous l'influence des idées et des techniques occidentales. Il serait ridicule et il est impossible de vouloir remonter le courant de l'histoire : qui donc connaît sur terre le proche avenir de nos pays d'Europe occidentale, tout occupés à des luttes intestines, tandis que, à une allure vertigineuse, l'axe du monde moderne se déplace vers l'Orient ?

Depuis quelques années, un fait nouveau d'une portée incalculable a surgi : c'est l'action du Japon [...]. Le conflit italo-éthiopien a été pour le Japon une excellente occasion d'intervenir en proclamant son intention de venir en aide aux peuples de couleur.

Gérard Barget

N° 999 — 13 SEPTEMBRE 1935

Nos « ancêtres spirituels »
Un discours de Villeneuve-Bargement en 1840 sur les conditions et la durée de travail des enfants

Il y a peu de questions sociales dont la solution ait autant d'influences sur le développement de nos pays modernes et celle de la durée du travail. Et l'on pourrait soutenir que bien souvent le degré de civilisation d'un peuple se reconnaît en grande partie à sa réglementation quotidienne, hebdomadaire ou annuelle du temps de travail. Aujourd'hui, on projette de limiter à quarante heures chaque semaine pour tout le monde, la durée de présence à l'atelier, à l'usine, au chantier, au bureau. La réforme est en voie de réalisation. Chacun sait qu'elle constituerait un progrès considérable. Mais le mesure-t-on vraiment à son exacte valeur ?

Un discours prononcé au Parlement français, le 22 décembre 1840 par le vicomte Alban de Villeneuve-Bargemet et que *L'aube*

va publier en quelques feuilletons, permettra à nos lecteurs de faire
d'intéressantes comparaisons entre la législation sociale actuelle ou
prochaine et la lamentable situation du prolétariat il y a moins d'un
siècle : en effet, depuis la suppression du régime corporatif, aucune
réglementation ne fixait les rapports entre patrons et ouvriers. Ceux-
ci se trouvaient donc sans aucune défense en face de l'homme dont
dépendait leur vie matérielle.

Un premier, un bien timide effort s'ébaucha un peu avant la révolution de 1848. Il visait uniquement le travail des enfants de huit
ans. Mais imagine-t-on ce qu'on cherchait alors à obtenir du législateur ?… La limitation à douze heures par jour du travail de ces pauvres gosses : Et ceux qui plaidaient pour cette « réforme », pour ce
« progrès » immense étaient considérés comme les plus audacieux
novateurs, voire comme des révolutionnaires…

On a beaucoup de mal à imaginer cette époque, si proche et si
lointaine tout ensemble. […] Une classe nouvelle est née : le prolétariat qui subit les conséquences de cette brusque révolution. Il est
accablant de misère ; dans les logements précaires, il souffre d'une
hygiène défectueuse ; il ne reçoit que des salaires de famine. Femmes
et enfants sont particulièrement accablés – comme le constateront
nos amis à la lecture de notre nouveau feuilleton. C'est alors que le
socialisme vient offrir aux ouvriers une explication de leurs mots et
leur propose l'espoir d'une société meilleure. Saint-Simon, Fourier
s'efforcent de bercer les foules — ou plutôt le public que leurs écrits
peuvent atteindre — de leurs grands rêves de socialistes utopiques.
Karl Marx est à la veille de publier son Manifeste du parti communiste. Et l'on sait qu'un peu plus tard, passant de la théorie à la
pratique, des socialistes auront leur place dans le gouvernement provisoire de 1848.

Mais les socialistes ne furent pas les seuls à prendre le parti des
faibles. Nos ancêtres spirituels jouèrent un grand rôle à cette époque.
À l'avant-garde des doctrinaires de l'économie politique et de
l'économie sociale, les catholiques se sont aussi distingués par leur
action en faveur des masses si déshéritées […]. Dirigés par les Mon-
talembert, les de Coux, les Ozanam, les Buchez, ils se sont imposés à
l'opinion publique. Rarement — peut-être même jamais — les hommes de notre famille spirituelle (c'est à peu près à cette période qu'on
pourrait fixer la fondation de cette « famille ») ont aussi profondé-

ment imprégné de leur idéal la vie politique, économique et sociale de la France.

Villeneuve-Bargemont n'est pas le plus fameux de ces grands amis de la classe ouvrière. Mais il mériterait d'être plus connu. Grand chrétien, il fut l'un des fondateurs de l'économie sociale et dénonça — déjà — l'abstraction inhumaine des théories répandues par les économistes libéraux. Il ne se contenta pas de publier des livres, mais il eut sa place à la Chambre des députés, et à la tribune du Parlement, il défendit les humbles, les faibles, les enfants surtout dont il connaissait mieux que quiconque les souffrances et les épreuves.

Élisabeth Terrenoire

N° 1010 — 26 SEPTEMBRE 1935

À l'époque de Virgile, une guerre à la Louis XIV.

L'Italie part en guerre, moins encore par nécessité que par orgueil. On l'a dit : c'est une guerre de prestige, une guerre de Louis XIV, une guerre de faste où l'on ne semble ne voir qu'une sorte de promenade militaire. On y voit des enseignes déployées : on ressuscite les aigles romains et on offre à leurs serres des peuples que l'on déclarait naguère intéressants quand on pensait en obtenir quelque chose, et qui, tout à coup, sont déclarés au-dessous de tout, des barbares, on dirait presque des anthropophages, parce qu'ils n'ont pas voulu abdiquer leur indépendance légitime.

On met volontiers en avant l'histoire de l'ancienne Rome. On exalte Virgile comme poète national qui aurait d'avance, chanté l'épopée que l'on commence en fanfare. On oublie que pus d'une défaite a marqué, pour les Romains d'autrefois, des exaltations de ce genre, et que Virgile a surtout déploré les horreurs de la guerre dont il avait lui-même pâti. Certes, il a cédé, en quelques endroits de son œuvre, à l'exaltation guerrière, il a écrit qu'il était de la destinée du Romain de régir le monde sous son empire et de dompter les superbes ; mais il a dit surtout qu'il fallait épargner ceux qui acceptaient de traiter et même de se soumettre, et la principale mission de Rome, c'était de donner les règles de la paix. Pacifique *imponere morem*.

Aussi bien, si Virgile a, dans quelques endroits de son œuvre les exploits du peuple romain, il a surtout convié les chefs à ne point entrer en lutte, à ne point ensanglanter leurs mains. Si l'on envisage l'épopée actuelle dans laquelle Mussolini lance si imprudemment la patrie malheureuse qui s'est livrée en aveugle à son orgueil, on peut dire que Virgile a, d'avance, surtout pleuré la mort prématurée des jeunes guerriers fauchés par la guerre à la fleur de leur âge… En célébrant pompeusement et avec ostentation Virgile, Mussoloni, s'il l'a lu, devrait se rappeler que les plus beaux vers du poète national de l'Italie sont consacrés aux jeunes soldats morts ; il les compare à des fleurs de pourpre trachées par la charrue, à de frêles pavots dont le col penche sous le poids de la pluie. Ce sont Nisus et Euryale, c'est Lausus, c'est Pallas, le fils du vieil Evandre. Ceux-là n'étaient que des païens et ils tombaient sur le sein de la terre patronale. Voici aujourd'hui que de jeunes chrétiens de baptême et de foi, mais envoûtés, pourrait-on dire, par la mystique d'un maître dévorateur, courent aux armes meurtrières, avec un véritable délire, sourds à la voix du Père commun des fidèles, leur Père à eux, de même sang national.

Voici qu'ils oublient qu'ils ont été d'avance voués par ce Père à la colère de Dieu. Dans une douleur compréhensible, voyant ses efforts vains et sa consigne violée effrontément par ses enfants les plus proches, il ne veut pas renouveler expressément l'anathème dès longtemps lancé : Seigneur, dissipez, détruisez les peuples qui veulent la guerre !

C'est sous cette malédiction solennelle et sans réserve que l'Italie s'en va ! que s'en vont les jeunes Italiens, fleurs empourprées bientôt de leur sang. Et Virgile, encore une fois, a pleuré d'avance aussi leurs tristes funérailles. Plus encore qu'au convoi de Marcellus, quels gémissements poussera bientôt le champ de Mars, quels cortèges douloureux bientôt verra le Tibre romain !

Ah ! Si, du moins, l'Italie pouvait encore, d'une façon quelconque, briser ses destins ? Mais, hélas ! Elle va moissonner, dès leurs printemps, ses épis. Bientôt, mère imprudente, elle va pleurer ses fils. Virgile a pourtant montré la tristesse poignante de la mort des jeunes !

C'est que Virgile avait une âme chrétienne avant le christianisme, et qu'après deux mille ans que le christianisme prêche la paix, il y a des baptisés qui ont gardé toute la laideur d'une âme vraiment païenne !

Edward Montier

N° 1013 — 30 SEPTEMBRE 1935

Nous ne tolérons pas la provocation au meurtre
Lettre au Procureur de la République
J'ai l'honneur de porter plainte pour menaces de mort contre le sieur
Charles Maurras et contre l'anonyme qui a signé par intérim A.F
dans l'*Action française* de ce matin 28 septembre.

Le 22 septembre, M. Charles Maurras invitait ses « jeunes amis »
à conserver dans leur portefeuille, ou mieux à apprendrez par cœur,
une liste de « cent quarante noms d'assassins de la paix, d'assassins
de la France ».

En conclusion de cet article, M. Maurras écrivait : « En l'absence
d'un pouvoir national capable d'arrêter le cours de vos entreprises de
trahison, il importe que les suprêmes mesures soient ordonnées : il
faut que voter sang soit versé le premier. »

Chaque jour depuis la provocation au meurtre est renouvelée,
notamment le jeudi 26 septembre, où M. Charles Maurras, en titre
de son article, écrit : « Les cent quarante assassins de la jeunesse française seront mis à mort. »

Aujourd'hui 28 septembre, un anonyme signant par intérim A.F,
écrit : « Cette liste rouge continue de s'accroître... M. Francisque
Gay, responsable de la prose que son journal a éditée hier, est le cent
quarante-deuxième. »

Bien qu'appréciant à son prix l'honneur d'être le premier des non-
parlementaires désignés aux coups de quelques illuminés, j'estime,
pour qu'à coup sûr l'action publique soit déclenchée, qu'un bon
citoyen se doit de prendre ses responsabilités.

Aussi, estimant que, si de telles menaces de mort ne recevaient
pas aussitôt leur sanction, la paix publique pourrait en être troublée,
je considère comme un devoir de porter plainte, en me déclarant
prêt, si besoin est, à me constituer partie civile.

Je vous prie d'agréer, Monsieur le Procureur de la République,
l'expression e ma haute considération.

L'un des directeurs de L'aube
Signé Francisque Gay

N° 1034 — 24 OCTOBRE 1935

L'« heure de la France »

La thèse du droit qu'a toute nation de n'être point traitée comme une proie suscite chez certains de nos compatriotes, à l'occasion du conflit africain, non pas une objection de détail, mais une hostilité foncière. Leur dogme, encore qu'il ne s'exprime pas avec cette netteté, est celui-ci : « Nous n'admettons nullement l'égalité des nations dans le droit à l'inviolabilité, mais estimons que la culture, l'art, les dons intellectuels, la civilisation confèrent aux nations qui en sont douées le droit d'exploiter celles qui en sont dépourvues, de même que nous reconnaissons aux animaux supérieurs le droit à se nourrir des inférieurs. » Les tenants de cette doctrine sont d'ailleurs les mêmes qui, dans l'intérêt de l'État, n'admettent pas que tous les citoyens aient également droit au respect de leur personne, mais tiennent que l'ordre y est perdu depuis que les petits y ont autant de droits à l'existence que les grands (qu'ils assimilent d'autorité aux cultivés). C'est la thèse nietzschéenne selon laquelle la culture confère le droit à l'injustice, l'appel à la justice étant le propre des primaires. Thèse dont on peut admirer que des Français l'adoptent, quand on pense que c'est exactement en son nom qu'en 1870 les Allemands annexèrent l'Alsace-Lorraine et qu'ils prétendent aujourd'hui se subordonner le monde latin.

Dans ces hautaines doctrines, c'est du moins la civilisation qui donnerait droit à l'injustice. Mais le monde moderne a trouvé mieux. Il prononce que le seul fait pour un peuple d'être nombreux, de produire beaucoup d'enfants, d'avoir en conséquence besoin de territoires et de débouchés, leur constitue un droit à prendre la terre des autres, que c'est là une « justice ». Les peuples qui se livrent à ce genre de prises, ou qui s'apprêtent à s'y livrer, se réclament constamment de la « justice ». Ils clament (voir les discours de Hitler) qu'ils veulent la paix « dans la justice ». Il y a vingt ans, un grand peuple violait la frontière d'une petite nation neutre et déclarait que, dès que cette action était conforme à ses besoins, elle était juste. Vingt ans plus tôt, un magnat d'Outre-Manche s'écriait à propos de l'agression des siens contre un petit peuple indépendant de l'Afrique du Sud : « Cette guerre est utile à mon pays, donc elle est juste ! » Il y a là une conception morale absolument nouvelle : les besoins constituent des droits ; l'utile détermine le juste. J'invite aussi le lecteur à méditer cette expression, adoptée aujourd'hui au sujet des nations par les hommes les moins acquis à la violence : les aspirations légitimes par laquelle on déclare légitimes les convoitises qui sont simplement naturelles. Et précisons bien ce qu'il y a de nouveau en tout cela. Les peuples à l'étroit n'ont certes pas attendu notre âge pour prendre aux autres les terres dont ils avaient besoin ; mais ils ne prétendaient pas le faire au nom de la justice. Les Huns et les Lombards n'évoquaient pas leurs aspirations « légitimes ».

On parle beaucoup depuis un temps de l'« heure de la France ». J'estime qu'elle consisterait à dénoncer ces monstrueuses désinformations de l'idée de justice, à signifier aux peuples que leurs violences ne sont pas justes parce qu'elles leur sont nécessaires, à rappeler aux hommes, comme Socrate le faisait il y a deux mille ans à Calliclès, que la grandeur de la justice est précisément de voir plus haut que l'intérêt immédiat, soit de l'individu, soit du groupe. Un tel rôle n'incomberait évidemment point à nos chefs d'État, dont la mission est toute pratique, mais éminemment à nos écrivains, à nos clercs, lesquels, s'ils l'adoptaient, ne feraient que continuer la tradition des grands penseurs de leur pays. Je vois peu qu'ils l'adoptent. Je vois plutôt le contraire. La guerre déclarée aujourd'hui à l'idéalisme désintéressé par tant de fils de Montaigne et de Renan et leur dévotion soudaine au pragmatisme le plus farouche sera une des plus profondes stupeurs de l'histoire.

Julien Benda

N° 1058 — 23 NOVEMBRE 1935

Au-delà du capitalisme ?...
— Oui, mais avec qui ?

« L'ambition de la CFTC dans la dernière partie de ses travaux est de nous transporter au-delà du capitalisme. » Vous écrivez cela, Louis Bain, et vous avez raison de l'écrire. Quand je commençais à militer, il y a dix ans, dans les rangs des syndicats chrétiens lyonnais, la parole enflammée de Maurice Guérin nous transportait bien au-delà du capitalisme. Et *Quadragesimo Anno* n'avait pas encore paru [...].

Sur le plan professionnel, les syndicats chrétiens n'ont jamais cessé de collaborer. Avec le patronat : ils se sont fait les champions de la commission mixte. Avec leurs frères de la classe ouvrière ; tous les cartels intersyndicaux sont là pour le prouver. Avec les pouvoirs publics : dans la moindre localité, avec les préfectures, avec les ministères, à Genève au B.I.T. On peut dire que leur activité se développe sous le signe de la collaboration. Ils sont les seuls à s'en proclamer les hérauts dans leurs programmes. De même, seuls ceux qui voulaient ruiner leur influence ont osé le leur reprocher : à gauche, en dénonçant leur souci d'entretenir des rapports avec les employeurs ; à droite en dénonçant leur « collusion » avec les révolutionnaires. Nos amis de la CFTC ont méprisé également l'un et l'autre soupçon. Ils ont continué de collaborer. Cette collaboration doit-elle donc s'arrêter sur les bases de départ ? À mesure que les problèmes grandissent, alors qu'en s'élargissant, ils contiennent de plus en plus d'humain, donc de spirituel, allons-nous abdiquer, allons-nous restreindre notre part dans l'apport humain au progrès ? Des valeurs sont perdues si nous ne les défendons pas. Oui, nous voulons aller au-delà du capitalisme, mais puisque nous ne pouvons y aller seuls, avec qui irons-nous ? Je le demande : avec qui ?

Transposons-nous sur le plan politique, où les formules sont plus commodes — et où d'ailleurs, se bâtiront demain les nouvelles constructions. Au fait, n'est-ce pas vous, Louis Blain, qui nous y entraînez lorsque vous écrivez : « Comme bien l'on pense, le régime nouveau appelle des institutions nouvelles, introduisant des réformes importantes dans la constitution de l'État lui-même. » Parlons donc avec un vocabulaire politique, nous nous comprendrons mieux.

Irons-nous au-delà du capitalisme avec le Front populaire ? Je ne crois pas que ce soit votre avis, et je comprends vos raisons. D'abord, vous voulez appeler tous les Français à la construction d'un ordre plus fraternel, ce qui semble exclure pour vous les blocs qui se heurtent avec la haine au cœur. Dans ce Front populaire, il y a d'ailleurs des communistes, qui rêvent pour demain d'une dictature et qui sont soumis aujourd'hui à la politique opportuniste de Moscou. Il y a des socialistes SFIO qui enferment leur volonté de changement dans le carcan d'un formulaire périmé, et qui font profession d'un anticléricalisme aussi désuet. Il y a encore des radicaux, même conservateurs, donc peu disposés à aller au-delà du capitalisme dont ils partagent les bénéfices. Il vous semble impossible que ces gens-là puissent s'entendre pour travailler. Y parviendraient-ils que vous jugerez dangereux de s'asseoir à leur table en parent pauvre.

Alors, irons-nous au-delà du capitalisme avec le Centre ? Nos amis qui, nominalement, en font partie ne sont qu'une poignée. Quels sont les autres ? L'Alliance démocratique ? M. Flandin, qui en est le président, en est également l'élément le plus avancé. Or, vous savez quel attachement il professe pour les théories du vieux libéralisme. Voulez-vous parler des divers groupes de ministrables ? Des radicaux de droite, conservateurs de cœur et de raison ? J'aperçois bien, pas trop loin de nous, des éléments qui ont rejeté les vieux oripeaux : socialistes de France, avides d'action positive, socialistes dissidents groupés autour de Paul-Boncour, radicaux qui gravitent autour d'Émile Roche ; mais ils ne représentent qu'une minorité et ne suffiront pas à former l'équipe où nous aurions notre place. Dans le reclassement des partis, nous avons mis beaucoup d'espoir, mais il ne s'est pas fait, et je veux une réponse à nos angoisses présentes.

Aussi, je ne résous pas le problème ; je pose simplement des questions. Je sais seulement qui veut aller au-delà du capitalisme et qui ne veut pas y aller. Et je vous demande avec qui vous voulez y aller.

Louis Terrenoire

N° 1075 — 13 DÉCEMBRE 1935

Avec qui aller au-delà du capitalisme ?

Remercions Louis Terrenoire d'avoir posé une question qui peut clarifier le problème. Si quelques-uns, après avoir lu son article, préfèrent ne pas se mettre en route, il vaut mieux que l'on en soit informé dès le départ. À chacun de mesurer ses forces et sa volonté.

Mais il y a ceux qui veulent faire le voyage. Avec qui ? Pas avec ceux qui ne veulent pas partir, évidemment. Il ne leur reste donc, comme compagnons possibles, que ceux qui sont résolus à s'embarquer dans la même traversée. Il y a entre les futurs voyageurs des antipathies ou des méfiances ? Qu'à cela ne tienne. Pour un voyage qui peut être long et difficile, on ne pas pas lancer à la fois plusieurs frêles esquifs ; seul un vaisseau robuste, abritant dans sa coque l'ensemble des passagers, a des chances d'atteindre le but. Il faut donc, si l'on veut arriver au-delà du capitalisme, que partent ensemble tous ceux qui ne veulent pas rester en deçà. Les nécessités de la traversée pourront bien les obliger à s'entendre. À une condition cependant : c'est qu'ils se soient mis d'accord sur le but précis du voyage. Il ne suffit pas d'indiquer vaguement que l'on veut sortir des mers trop battues, dépasser l'océan du capitalisme. Il faut savoir où l'on veut aller et, autant que possible, par où on veut y aller […].

La question se pose : « avec qui partir ? » Il s'en pose une autre aussi : « Si nous ne partons pas, avec qui rester ? » Croyons-nous que ceux avec qui nous resterions auraient tous pour les sources de notre vie morale plus de respect et de compréhension que ceux avec qui il est possible de partir ?

Oui, mon choix est fait, et je ne le regrette pas. D'ailleurs, n'avais-je pas répondu par avance à la sagace question de Louis Terrenoire, en votant, à Montrouge, la résolution par laquelle la Jeune République unanime maintient son adhésion, pour une œuvre constructive définie, et dans le respect absolu des forces morales et spirituelles, au Rassemblement populaire.

Maurice Lacroix

ANNÉE 1936

N° 1097 — 10 JANVIER 1936

Préjugés de races

La France ne semble pas trop connaître, au moins officiellement et théoriquement, le préjugé des races ou le « colour bar » que d'autres pays pratiquent ouvertement et qui s'est affirmé si crûment lors de certains récents événements internationaux. On pourrait certes retrouver aisément chez beaucoup de Français le sentiment inconscient de la supériorité de la race blanche et un certain mépris irrésistible pour ceux qu'on appelle dédaigneusement « les nègres », « les métèques » ou les exotiques en général. Pourtant le racisme, affiché par certains doctrinaires comme Gobineau, n'a jamais été bien répandu chez nous où le principe de l'égalité des peuples a triomphé depuis la Déclaration des droits de l'homme. L'exemple de Blaise Diagne, Noir sénégalais, député, puis sous-secrétaire d'État aux colonies (un autre Noir, Candace, occupa aussi ce poste il y a quelques années) est assez significatif à cet égard. Non pas par sa valeur personnelle ; radical, franc-maçon et anticlérical, Baise Diagne ne brilla pas par son action politique. Lié étroitement à certaines puissances économiques, il fut même violemment attaqué par certains de ses compatriotes africains qui lui reprochaient de trahir sa propre race lorsqu'au cours des discussions de la Conférence internationale du Travail à Genève en 1930, il prit parti en faveur du travail forcé des indigènes dans les colonies. Mais la présence de Diagne à la Chambre d'abord, puis dans les conseils de gouvernement français était tout un symbole : elle était un argument de taille contre ceux qui nient radicalement la perfectibilité des races attardées et l'unité foncière de la famille humaine.

Nous n'oublierons pas le spectacle original et splendide auquel nous avons assisté à l'un des derniers jours de l'Exposition coloniale de Paris : un gala de musique nègre avait été organisé au Musée des Colonies à l'occasion du congrès de l'Institut des langues et des civilisations africaines ; des auditions de musique nègre furent données par des groupes d'indigènes originaires des colonies françaises d'Afrique noire et ces auditions étaient commentées, fort intelligemment, par le docteur Chauvé, autour d'études très précises sur la musique nègre. C'était là, en quelque sorte, comme la considération officielle, dans une manifestation artistique et solennelle, de cette musique qui ne semblait pas à certains pouvoir dépasser les orchestres de jazz. La séance eut lieu en présence d'un public choisi dans l'un des cadres imposants, tels que savait le concevoir le maréchal Lyautey pour ces grandes fêtes coloniales. À l'entrée du Musée, des spahis à cheval portaient une étincelante parade, tandis que la garde républicaine, en grand uniforme, rendait les honneurs au représentant du gouvernement qui, par une attention délicate, était le sous-secrétaire d'État aux Colonies, M. Blaise Diagne. C'était une rencontre peu banale que celle de ce Noir, délégué officiel d'un gouvernement des Blancs, pour assister à l'apothéose de la musique nègre.

La présence des Noirs à des postes officiels et même dans les conseils des ministres n'est d'ailleurs pas chose nouvelle : un des courtisans le plus en vue sous Louis XVI, était le chevalier de Saint-George, métis noir d'un marquis français et d'une Guadeloupéenne. À la Convention de 1791, il y a eu des députés noirs de Haïti, et de même au Conseil des Cinq Cents de 1795 à1799, trois députés noirs de Saint-Domingue ? Un contemporain écrivait à ce propos que l'« entrée des Noirs au conseil d'une nation banche nous paraît une date cruciale dans l'histoire de l'humanité ». Trois généraux noirs combattirent au cours des guerres de Napoléon 1er, et, durant la guerre de 1914-1918, plusieurs officiers supérieurs, le général Dodds, le colonel de Mortenol, le lieutenant-colonel d'Alenson, entre autres, étaient également des Noirs ou des métis.

Les autres pays occidentaux ne pratiquent pas d'ordinaire la même politique de libéralisme et de fraternité vis-à-vis des Noirs ; on connaît trop le lynchage des Noirs aux États-Unis et les préjugés violents qui sont dressés contre eux. En Angleterre, aucun Noir n'est fonctionnaire civil de l'État et le plus haut gradé accessible à un Noir dans l'armée britannique est celui de sergent-major. Mais c'est en Allemagne et en Italie qu'ont éclaté le plus ouvertement, semble-t-il, les préjugés de races contre les Noirs. On a pu lire, pare exemple, dans la presse italienne, précisément à propos du poste élevé occupé par M. Diagne des phrases de ce genre : « Alors que les Nègres arrivent au gouvernement dans quelque vieille et anémique nation d'Europe, c'est l'Italie qui, avec une foi sûre, ramène la civilisation blanche en Afrique. »

« Les territoires disponibles (des colonies) ont été attribués à de vieilles nations qui, loin de pouvoir exporter les Bancs, ont besoin d'être colonisées par les Nègres, tandis que les peuples comme les nôtres, qui pourraient faire rayonner sur le monde la civilisation aryenne, sont demeurés pauvres de colonies et avec des bras en surnombre » (*Il Popolo d'Italia*, 3 et 7 février 1931).

En Allemagne, le racisme hitlérien ne se montre pas moins négrophobe : le fameux paragraphe aryen ne vise pas, en effet, que les seuls juifs, mais aussi tous ceux qui, à un degré quelconque, ont des ascendants noirs, jaunes ou bruns. Un des premiers actes de Hitler, lors de son accession à la chancellerie du Reich, fut d'interdire les orchestres nègres, et de proscrire, comme Mussoloni, la musique de jazz. Comme le journal italien que nous venons de citer, Hitler a aussi dénoncé al décadence de la France ; « ce peuple de plus en plus gagné par l'ennègrement, représente dans son lien avec les objectifs de domination juive de l'univers, un danger permanent pour l'existence de la race blanche en Europe. Car l'empestement réalisé au bord du Rhin par le sang nègre correspond tout aussi bien à la soif de vengeance sadiquement perverse qui anime ce chauvinisme ennemi héréditaire de notre peuple » (*Mein Kampf*, cité par *Lu* du 31 mars 1933).

Heureusement pour l'honneur de l'humanité, à côté de ces préjugés systématiques et odieux, des généreux efforts ont été tentés en ces dernières années pour réhabiliter ces Noirs qu'une exégèse aventureuse, inspirée d'ailleurs (les travaux du P. Charles l'ont montré avec évidence) par les trafiquants d'esclaves, présentant comme les descendants de Cham, irrémédiablement maudits et déchus. Des missionnaires et des savants nous ont montré ce qu'était vraiment l'âme des Noirs, ils ont aussi déployé devant nous, profitant à juste titre d'un snobisme mondain, les richesses relatives, mais réelles de l'art, de la littérature et de la musique nègres. Nous comprenons ainsi mieux encore la grande loi de la fraternité humaine qu'aucune barrière de race ou de couleur ne doit arrêter.

Gérard Berget

N° 1104 — 18 JANVIER 1936

Le problème des réfugiés politiques

La lettre de démission du haut-commissaire pour les réfugiés allemands, M. James G. MacDonald, adressée au secrétariat de la Société des Nations, a rappelé l'attention de beaucoup de personnes sur le très grave problème des réfugiés politiques. Non seulement les réfugiés récents, venus de l'Allemagne et de La Sarre, juifs pour la majeure partie, chrétiens « non aryens », dissidents politiques, catholiques et socialistes, dont le nombre ne s'élève pas à moins de cent mille et qui ont quitté le Reich pour éviter la persécution, le camp de concentration, la misère ou la mort ; mais les autres aussi ceux qui proviennent de l'Arménie, de l'Assyrie, de la Russie, de l'Italie (plus d'un million) et qui, depuis tant d'années, courent le monde, souvent dans des conditions déplorables à égard de la santé, du travail, des moyens de subsistance, de la tranquillité, de la paix morale. Nous ne parlons pas de cet échange inhumain, barbare, de citoyens grecs et turcs, qui suivit la guerre de 1922-1923, ni des autres « conséquences » immédiates de la grande guerre ; nous parlons dans cet article des réfugiés politiques.

La Société des Nations s'est occupée des réfugiés russes et arméniens, pour lesquels furent institués l'Office Nansen, un type de passeport et des secours utiles ; d'autres secours utiles, malgré tout, sont veux qui ont été obtenus soit par l'Assyrie, soit par la création du haut-commissaire pour les réfugiés allemands.

Utiles, certes, mais non suffisants, ni destinés à tous (les réfugiés italiens jusqu'ici n'ont pas été pris en considération, à Genève, fût-ce par le simple octroi d'un passeport) ni visant tous les cas. Nous ne pouvons demander à Genève de se transformer en institut de bienfaisance qui remédie à tous les maux de l'univers ; mais nous avons le droit d'exiger avant tout que, sur le terrain juridique international, on s'occupe à régler la situation de tous les malheureux et de leur faciliter un nouveau honorable modus vivendi dans les pays hospitaliers. La question du passeport est pour beaucoup d'entre eux une question de vie ? En second lieu, par l'intermédiaire de Genève, les États doivent mettre en commun les ressources destinées à parer aux besoins urgents de tant de pauvres gens ; ainsi pourra-t-on réunir une somme qui ne sera pas négligeable, sans qu'aucun des États ait des rapports directs avec les personnes secourues ou se crée des difficultés avec certaines des nations d'où elles sont originaires, telles que l'Allemagne ou l'Italie. Enfin, on doit chercher à coordonner les initiatives privées (sans envahir leur domaine ni stériliser leur fonction propre) dans le seul dessein de ne pas disperser les efforts et les ressources.

Ce qu'il faut surtout mettre en relief, de notre point de vue, c'est le devoir chrétien de la charité et de l'assistance aux personnes privées de secours humains et de confort, déracinées de leur pays et de leur maison, arrachées à leurs relations familiales et professionnelles, obligées de chercher une nouvelle situation en terre étrangère.

Certes, dans une si grande foule de malheureux, il y a des indésirables : mais la charité chrétienne assiste même les indésirables, sans que pour autant les polices des divers pays négligent la vigilance nécessaire à leur égard et omettent de prendre les précautions opportunes. Il faut penser — ce à quoi les gouvernements des pays d'où viennent les réfugiés ne pensent pas, sous l'influence de la haine politique et des préjugés de race — qu'ils sont des hommes comme nous, et que comme tels ils sont dignes d'assistance et de secours.

En même temps, l'opinion publique ne devrait avoir aucune complaisance envers des gouvernements aussi tyranniques et inhumains ; il faut mettre à nu leurs injustices, découvrir leurs théories malsaines, bafouer le mythe qui les entoure, établir par des enquêtes véridiques toutes leurs variations, toutes leurs persécutions.

La justice et la charité ne reviendront pas en ce monde, dans les rapports entre États et citoyens et entre les divers États, si on ne met, au principe de toute la vie, la morale et la religion comme expressions éternelles de la fraternité humaine et de noter filiation divine.

Pourquoi les catholiques se conduisent-ils souvent, à l'égard de ces frères décriés, harcelés, rendus miséreux (en bien des cas condamnés à une mort lente) non comme le Samaritain de l'Évangile, mais comme le prêtre et le lévite ? Ce n'est pas sans raison que Jésus, dans l'Évangile, a placé ces deux « ecclésiastiques » en contraste avec le laïque : il a voulu nous faire comprendre que le culte divin ne sera jamais accepté s'il n'est pas accompagné de la miséricorde envers nos frères qui souffrent.

Luigi Sturzo

N° 1105 — 19-20 JANVIER 1936

Van Zeeland

Van Zeeland est catholique ; il l'est sans ostentation avec une tranquille certitude. Tous ses actes, toute sa politique relèvent de sa foi et vont trouver dans sa foi leur inspiration et leur justification. Dans une conférence faite récemment devant des ouvriers socialistes, il a déclaré que son plan de réforme n'était qu'une sorte de transcription littérale de l'encyclique *Quadragesimo Anno* qui exprime selon lui la vérité économique aussi fidèlement que l'encyclique *Rerum Novarum* formule la vérité sociale. Il s'apprête à tenir des propos identiques devant un auditoire de libéraux — et l'on sait que le parti libéral a pour raison d'être, si l'on ose dire, de s'attacher à maintenir les traditions désuètes d'un anticléricalisme périmé. M. Van Zeeland est catholique sereinement, totalement ? Et l'on m'affirme qu'il faut trouver là l'une des causes essentielles du prestige qu'il exerce sur tout un peuple et du concours si loyal qu'il a su faire naître chez ses collaborateurs au gouvernement. On peut être assuré, en effet, qu'un de Man, qu'un Spaak surtout (qui est sans doute, lui, le socialiste d'extrême-gauche, l'homme qui a le mieux servi la « mystique » Van Zeeland), n'éprouvent aucunement le besoin de « pardonner » comme on l'insinue parfois en France au chef du ministère, son catholicisme agissant. Ils lui savent gré d'être ce qu'il est, et il ne serait pas ce qu'il est s'il n'était catholique. Or, cette constatation me paraît fournir quelques éléments d'une réponse que j'aurais voulu pouvoir faire à l'enquête menée par Louis Terrenoire. Il n'est pas d'alliance politique qui se révèle vraiment dangereuse si elle a pou fondement une loyauté absolue. Être pleinement catholique, au sein même du rassemblement populaire, cela n'a rien qui soit plus paradoxal que la collaboration constante, très intime, qui unit pour la direction d'un pays M. van Zeeland, catholique, à un socialiste marxiste comme

M. Vandervelde et au communisant M. Spaak. À la condition que
chacun s'ajoute en toute vérité, à la condition qu'un catholique soir
et reste avant tout catholique — avec tout ce que cela comporte de
rigoureuses exigences et d'impératives prescriptions — je ne vois pas
qu'un esprit de bob sens et de bonne foi puisse reprocher à quiconque
une alliance de cette nature ? In peut certes la juger plus ou moins
opportune : c'est une question de tactique ? On n'est pas en droit de
la rejeter a priori au nom des seuls principes. Le Premier Belge, dont
l'orthodoxie religieuse ne peut assurément être contestée, n'a opposé
aucune exclusive aux compagnons de route qui s'offraient à lui, pour
le grand voyage qui doit le conduire « au-delà du marxisme ».

Albert Blanchoin

N° 1127 — 14 FÉVRIER 1936

Mœurs sauvages
Aucune forme d'agression n'est plus lâche, plus déshonorante pour
ses auteurs que celle qui précipite une foule en furie contre un homme
seul et désarmé. L'attentat dont M. Blum a été victime, hier, peut et
doit refaire l'union de tous les honnêtes gens, résolus à pratiquer le
respect mutuel des opinions et même plus simplement à obtenir les
garanties nécessaires de liberté.

Qui donc oserait prendre la responsabilité de mœurs sauvages,
de procédés qui sentent affreusement la guerre civile ? Faudra-t-il
admettre que les hommes politiques en vue, quelles que soient du
reste leurs opinions, ne pourraient circuler sans une escorte, une
garde du corps formée de partisans plus ou moins zélés ? Le jour
où cet état de fait viendrait à s'instituer, avec les heurts, les chocs
qu'il comporterait fatalement, une sombre anarchie ne tarderait pas
à envahir le pays, supprimant ce qui subsiste encore chez nous, grâce
à Dieu, de courtoisie, d'élégance française... et même de civilisation.

Dans un acte comme celui d'hier, les idées sont-elles en cause ?
On peut aimer ou détester les opinions de M. Léon Blum ; on peut les
apprécier avec indulgence ou sévérité. Il reste que le leader socialiste
a toujours défendu ses convictions avec courage et talent ; ce n'est
pas en le frappant, à cent contre un, que ses adversaires prouveront
qu'il a tort.

Non. Le plus grave, c'est l'esprit de haine contre les personnes, fomenté par certains malfaiteurs de la pensée, de la parole, de la plume qui, trio souvent confinés eux-mêmes dans le calme de leur cabinet, attisent les passions, excitent les fanatismes, vouent à l'assassinat tels hommes dont a physionomie leur déplaît ou dont la réputation les gêne ou dont l'action les contrarie.

Le gouvernement s'est décidé à frapper vite et fort. Il aura derrière lui toute l'opinion raisonnable, disons mieux : la nation entière, qui réprouve l'assassinat politique, d'où qu'il vienne, quels qu'en soient les auteurs responsables et quelles qu'en puissent être les victimes désignées.

Gaston Tessier

N° 1130 — 18 FÉVRIER 1936

Les leçons de l'Espagne

Les élections d'Espagne comportent des enseignements qu'il est encore temps d'écouter. Plaise à Dieu que la passion ou le calcul n'assourdisse pas aux appels de l'évidence ceux qui ont la lourde responsabilité de conseiller la nation. Première leçon : l'absurdité du système des deux blocs. Une loi électorale néfaste a eu pour résultat au-delà des Pyrénées d'agglomérer une droite et une gauche aussi composites l'une que l'autre. À droite, M. Gil Robles et des catholiques de l'Action populaire se sont groupés, de plus ou moins bon gré, de gens de toute sorte, depuis des monarchistes déclarés jusqu'aux radicaux de M. Lerroux qui passent depuis toujours pour avoir des liens très étroits avec la franc-maçonnerie. À gauche, autour de M. Azana, et de M. Largo Caballero, ont pris position des effectifs également panachés : bourgeois anticléricaux, socialistes, communistes, autonomistes de Catalogne, sans parler des suffrages anarchistes auxquels il a été fait publiquement et vigoureusement appel.

Figurez-vous l'état d'esprit d'un homme de bon sens et de sang-froid en présence du choix qu'il a à faire. Impossible de ne pas voter en même temps pour les hommes qu'on préfère et pour des hommes qu'on exècre. Impossible de ne pas voir que d'aucun côté on ne peut être d'accord sur les problèmes qui se poseront immédiatement au nouveau gouvernement et à sa majorité. Alors c'est la bataille dans la haine et dans la nuit. Un peuple entier coupé en deux fractions à peu près égales qui se dénoncent et se diffament, dont toutes les pensées politiques ne sont tendues que vers l'écrasement de l'adversaire. Les uns rejettent la moitié du pays hors de la République et les mettent en accusation pour attentat à la liberté. Les autres renvoient aux premiers l'écho de colères identiques, ils excluent du nombre des bons citoyens et maudissent en eux les fauteurs de désordre.

Quelle solution ? Quel espoir de réconciliation en de pareilles conjonctures ? L'anarchie, les violences civiles, le coup d'État rôdent autour du régime. Deuxième leçon : quand on constitue les deux blocs, celui qui triomphe est presque toujours le bloc de gauche. Voilà des mois que nous le répétons en vain à des gens qui ne veulent rien entendre. Nous n'avions pas besoin de cette expérience supplémentaire. Peut-on espérer du moins qu'elle sera comprise après que tant d'autres se sont heurtées à la volonté de ne pas comprendre ?

Presque toutes les folies ont été commises. Évitera-t-on les dernières, celles qui ne l'ont pas encore été ?

Georges Bidault

N° 1135 — 24 FÉVRIER 1936

Par des textes irrécusables. Les accusateurs flétris

[…]

Quelques hommes de gauche — quelques-uns me l'on dit — gardaient la pensée machiavélique que les outrances de l'Action française rendaient radicalement impossible la constitution d'un bloc des droites.

D'autres, je l'ai déjà dit, ont cru longtemps plus habile de ne leur opposer que le silence et le mépris.

Il y en avait aussi, il faut bien le reconnaître, hélas ! — et dans tous les milieux — qui, visiblement redoutaient leurs abominables campagnes de calomnies, de diffamations, d'injures. Et ce n'est pas sans une douloureuse humiliation que nous devons constater que la lâcheté de quelques-uns a pu donner quelque force à l'odieuse dictature de leur haine.

Mais enfin, après des mois et des années d'efforts, leur audace grandissante aidant, les documents que nous avons produits ont enfin trouvé l'audience du très grand public

Notre numéro de mardi dernier a été littéralement, et en quelques heures, complètement enlevé. À quelques kiosques on s'est arraché le tirage supplémentaire que nous avions fait faire. La presse, mais, hélas ! surtout la presse de gauche, a largement fait écho à notre campagne et voici qu'à la tribune de la Chambre, le président du Conseil lui-même, brandissant notre journal, a pu pendant près d'un quart d'heure, ire quelques pièces de cet accablant dossier.

Et voilà un chef de gouvernement, un ministre de l'Intérieur, un homme d'État, un journaliste averti, qui devait confesser avec stupeur à quels excès un Charles Maurras avait pu se livrer impunément pendant tant d'années !

Oui, le président Sarrault, clairement, déclare qu'il ne savait pas et que notre dossier a beaucoup contribué à lui ouvrir les yeux

Relisez donc, chers abonnés, et amis de l'aube, les paroles mêmes du président du Conseil. Tous, j'en suis sûr, vous partagerez notre fierté. C'est notre action concertée, à nous tous, qui a permis pour une large part, de mettre enfin hors d'état de nuire ces ennemis N° 1 de la paix française, cette équipe grotesque et malfaisante de forbans de la presse.

Francisque Gay

N° 1153 — 15-16 MARS 1936

Pacifisme des nationalismes

« À bas leur guerre ; à bas la SDN », pouvait-on lire hier matin sur les murs de Paris sous la signature des dirigeants du Front dit national faisant écho au programme de politique extérieure du colonel de la Rocque qui tient en ces deux mots : « égoïsme sacré. »

Ce qui veut dire en termes clairs « chacun pour soi derrière son béton et ses armements : que Tchèques, Polonais, Yougoslaves, Roumains se débrouillent ; que la sécurité collective inefficace et génératrice de guerres soit à tout jamais enterrée ».

On croit rêver. Lorsque nous étions sur le Rhin, dominant une Allemagne désarmée, toute concession était trahison, menace immé-

diate pour notre sécurité, signe de pacifisme et de faiblesse. Maintenant que le IIIe Reich frappe du poing sur la table du poing sur la table
il faut se taire et accepter. D'où vient cette attitude incohérente de
gens qui ne croyant qu'à la force cèdent à la première menace ?

S'il ne s'agissait que de stigmatiser des mobiles démagogiques et
électoraux (on spécule sur le désir instinctif de paix des masses) nous
ne ferions pas ces palinodies l'honneur d'un article. On ne se dispute
pas entre Français lors que le péril est menaçant, pas plus qu'on a le
droit d'utiliser l'idée de paix pour la conquête de voix ou d'adhésions.
Ce stupéfiant paradoxe est la conséquence d'une double erreur qui
doit être démasquée. Erreur politique d'abord. On crie que la France
est seule et immédiatement menacée, qu'il est absolument inutile
de s'engager ailleurs étant donné que les autres peuples par amour,
reconnaissance et intérêt, viendront se ranger automatiquement à
nos côtés. On estime en conséquence que la sécurité collective ne
présente aucun intérêt pour nous, ni même pour les autres, puisque
nous sommes les seuls visés. On ne dira jamais assez la malfaisance
de ce narcissisme national qui sévit chez nous depuis trop longtemps,
entretenu par une presse vénale et une ignorance complète des problèmes de politique extérieure. Nous avons essayé de montrer dans
un précédent article que si jamais l'agression allemande se produisait
contre nous, ce serait en dernier lieu, après la reconstitution dune
Mitteleuropa asservie à l'Allemagne, à un moment où tous nos amis
seraient hors de combat ou neutralisés. La seule garantie de paix
pour l'Europe, et par conséquent pour nous, est la réaffirmation et le
renforcement de la sécurité collective. Au point où nous en sommes
parvenus (il faudra bien un jour dire les vraies raisons de cet état de
choses), c'est la seule sanction efficace contre l'Allemagne. Les sanctions ne seront admissibles que dans la mesure où elles sont susceptibles de produire l'effet désiré ; des sanctions inefficaces porteraient
un coup fatal à la SDN.

Erreur intellectuelle et morale en second lieu. On ne veut croire
qu'à la force, à la loi de la jungle ; l'acceptation de la lutte pour la vie
serait la marque des peuples forts, le seul moyen de revigorer une
nation affaiblie par le pacifisme international et le sentiment d'une
sécurité fausse dans la mesure où elle ne repose point sur la force
des armes. On ne croit pas à la sécurité collective parce qu'on n'a pas
confiance dans la parole des autres, et on n'a pas confiance dans la

parole des autres parce qu'on n'entend régler sa propre conduite que sur la force et l'égoïsme.

Or, c'est précisément, ce prétendu réalisme, cette soi-disant méthode d'héroïsme et de courage qui conduiront notre pays à tous les reniements, à toutes les abdications, à toutes les lâchetés et à tous les abaissements. La loi de la jungle est essentiellement la loi de la lâcheté ; lâcheté de celui qui attaque parce qu'il se croit le plus fort ; lâcheté de celui qui capitule parce qu'il ne croit pas aux amitiés, à la justice et aux forces morales. Cette loi ne peut être pour notre pays que celle de la déchéance.

Lorsque notre frontière de l'Est sera solidement verrouillée des deux côtés, lorsqu'une Mitteleuropa se sera constituée sous l'hégémonie allemande pesant sur des peuples asservis, ou consentants par suite de noter abandon, nous mesurons les résultats de l'« égoïsme sacré » et le degré d'abaissement de la France.

Et, chose à peine croyable, mon colonel, nous n'aurons même pas la glorieuse consolation de mourir sur les champs de bataille.

Claude Leblond (Charles Bondel)

N° 1186 — 19 MARS 1936

Il est possible que les signataires du traité de Versailles aient commis de grossières erreurs ; ce n'est pas le moment de les dénoncer. Il est possible que les partisans d'un rapprochement franco-allemand n'en aient pas discerné toutes les conditions (ou, si l'on préfère, toutes ses conséquences), et aient manqué de courage à prendre là-dessus leurs responsabilités : pour le moment, il s'agit d'autre chose. Tous ceux qui y viennent en ce moment à alimenter encore ces débats, je dis qu'ils sont sans dignité.

Au surplus, s'il faut avoir été sans fautes et sans illusions, qui donc a le droit de jeter ici la première pierre ?

Il est d'une évidence toujours plus éclatante qu'il n'y a jamais eu, depuis la guerre, qu'une seule politique française, faite, en des propositions et par des procédés qui ont seuls varié, du désir d'une organisation internationale, qui rendit toute méfiance inutile, et d'une irréductible méfiance qui freinait tout désir d'organisation internationale. Cette politique, tous ces hommes qui se sont succédé, qu'ils

s'appelassent Poincaré ou Briand, Tardieu ou Herriot, Laval ou Flandin, avec leurs tempéraments divers, l'ont faite solidairement.

L'histoire, dîtes-vous, ne pourra que lui être sévère. Je le crains.
Mais, cependant, je demande qu'on tienne compte de trois choses :
D'abord que dans les circonstances historiques et l'atmosphère psy-
chologique où elle s'est définie, elle était probablement la seule qui
fût praticable. Et le fait est que chaque fois qu'on a voulu s'en écarter,
de gré ou de force, il a bien fallu y revenir. C'est Tardieu qui a évacué
la Rhénanie ; c'était Briand qui, le premier, avait mis « la main au col-
let » du débiteur allemand.

Ensuite, que si les événements nous pressent de la réviser, ils nous
déconseillent aussi impérieusement de nous la reprocher les uns les
autres — quand elle est notre œuvre à tous.

Enfin, que les derniers hommes dont nous devions scruter
malignement les torts, ce sont ceux qui, dans une négociation pour le
moins difficile, défendent la sécurité et les droits de notre pays.

J'appelle hommes sans dignité et sans fierté nationales, ceux qui,
de droite ou de gauche, pour servir des intérêts partisans, se refusent
à ces évidences et à leurs conséquences.

Paul Archambault

N° 1189 — 27 AVRIL 1936

Une forte poussée à l'extrême-gauche, surtout communiste

Sous notre régime électoral, bien hardi qui oserait tirer une conclusion au premier tour de scrutin. L'Histoire a montré qu'il s'était
produit parfois et surtout dans les périodes difficiles, des renverse-
ments complets pendant le bref intervalle qui permet aux électeurs
de réviser leur jugement avant d'émettre un vote définitif.

Le grand nombre de ballottages, au soir du 26 avril, accuse le
trouble de l'opinion comme manifestait déjà le chiffre jusqu'à alors
inégalé des candidatures. La sagesse est de s'en tenir à quelques
impressions, très superficielles d'ailleurs, et que les désistements peuvent, d'un jour à l'autre, modifier complètement.

Les premiers résultats semblent marquer un progrès des éléments
extrêmes, et surtout des communistes, qui, ayant présenté des candi-

dats dans toutes es circonscriptions, voient s'accroître notablement le total des suffrages accordés à leur parti.

Deux motifs, en apparence contradictoires, expliquent cette poussée à gauche. La crise avec son long cortège de misères, incline à rechercher des solutions révolutionnaires. Mais, par ailleurs, les communistes français, de leur propre mouvement ou sous des impulsions faciles à deviner, ont affiché un programme idyllique, bien fait pour leur concilier d'abondantes sympathies...

Reste à savoir comment joueront, pour le second tour, la discipline du Front populaire... et celle du « Front national », à supposer que celui-ci ne soit pas une simple hypothèse commode pour des rassemblements tumultueux, mais inefficace pour un résultat électoral.

Édouard Herriot est mis en ballottage à Lyon. Faut-il supposer que la réserve manifestée par l'éminent homme d'État à l'égard des entreprises actuelles ou futures du Front populaire a trouvé ses fidèles électeurs ? M. Herriot sera certainement réélu et le rôle qu'il peut jouer au gouvernement dans l'intérêt de la France et de la paix, ne sera pas affecté par cet incident. La première leçon de la campagne électorale, c'est que les vrais démocrates doivent s'attacher plus que jamais à une œuvre d'éducation.

Le total des suffrages obtenu en maints endroits par les candidats du Parti démocrate populaire et de la Jeune République montre que tout effort entrepris dans ce sens a une efficacité. Nos amis. F. Gay et G. Bidault ont mené dans des conditions courageuses, nous devrions dire héroïques, de magnifiques campagnes. Nos lecteurs seront unanimes à regretter que le succès n'ait pas couronné de si belles initiatives bien faites pour assainir le régime et rénover les institutions. Le scrutin d'arrondissement ne permet guère les grands débats d'idées : il rabaisse la démocratie à des compétitions personnelles, à des querelles d'intérêt qui, trop souvent ne peuvent être résolus dans un cadre aussi étroit.

Les hommes de cœur et de caractère subissent presque fatalement dans cette ambiance les effets non seulement de la critique narquoise, mais de la calomnie perfide, insidieuse et d'autant plus malaisée à réfuter. Pour les esprits soucieux de stabilité gouvernementale, mentionnons que plusieurs membres du cabinet Sarrautl ont été réélus au premier tour : MM. Flandin, Mandel, Bonnet, Frossard... Si tous les Français désireux de justice, de progrès, de réformes, mais dans le calme, dans l'ordre, dans la paix intérieure, font leur devoir, le second tour de scrutin atténuera sans la renverser, l'orientation vers l'extrême-gauche qui s'est manifestée hier.

Gaston Tessier

N° 1198 — 7 MAI 1936

Sagesse et civisme

[...]

Nous n'avons jamais eu besoin d'abstracteurs, de quintessence. La subtilité des distinctions, le raffinement dialectique sont des armes précieuses dans l'opposition : ce ne sont pas des moyens de gouvernement. M. Blum, qu'on donne partout comme le chef du futur gouvernement voudra-t-il et pourrait-il se rapprocher des simples commandements de l'instinct de conservation ? Je ne me charge pas de répondre. Mais je ne suis certainement pas le seul à penser que la nature de son intelligence, qui est très vaste et très pénétrante, est trop complexe et trop analytique pour le bien préparer aux tâches extrêmement difficiles qu'il est prêt d'assumer.

Adversaires déterminés de la désastreuse et immorale politique du pire, nous ne souhaitons qu'une chose, c'est que l'expérience qui commence se déroule le mieux possible. Aucun parti pris passionné ne nous empêchera jamais d'applaudir à toute mesure de justice et de progrès d'où qu'elle vienne.

Que dans l'exécution du programme même le pus audacieux, les pouvoirs publics sachent ne jamais séparer la sagesse de l'énergie. Que l'opinion publique et ceux qui la guident sachent faire montre de sang-froid et de civisme. À ces deux conditions, l'expérience peut se dérouler sans graves secousses et il n'est pas impossible qu'elle comporte des mesures salutaires.

Mais pourquoi faut-il que nous devions toujours redouter de voir alterner la conservation égoïste ou béate et l'entreprise brutale ? Pour briser des abus éclatants, le meilleur moyen n'est pas de leur fournir par maladresse ou provocation le renfort de leurs propres victimes qu'on leur a déjà plusieurs fois imprudemment dénoncé.

Georges Bidault

N° 1208 — 19 MAI 1936

Fascistes inavoués

Tout le monde connaît de ces personnes qui, depuis le 6 février, se montrent favorables à tout ce que font les Croix de Feu et autres ennemis de la République, hostiles à tout ce qui tente de les combattre, mais ne cessent de protester : « Nous ne sommes pas réactionnaires ; nous ne sommes pas fascistes ; nous aimons la démocratie, les principes de 89 ; nous acceptons les réformes sociales ; mais nous ne voulons pas du communisme. »

J'ai revu de ces personnes depuis les élections : « Eh bien ! leur dis-je, vous allez être contents ; vous allez avoir un ministère qui fera enfin respecter ces principes que vous honorez et dont ses devanciers prenaient assez mal la défense, qui frappera les privilèges injustes, la haute banque, les fabricants d'armes de guerre, dissoudra les ligues antirépublicaines, exigera le loyalisme de ses fonctionnaires, mais qui ne fera pas de communisme. N'est-ce pas ce que vous demandez ? » Ces gens-là sont au contraire de fort méchante humeur. Et d'abord, ils veulent à tout prix que le nouveau gouvernement, bon gré, mal gré, soit obligé au communisme. Je leur montre qu'alors, il tombera ; que la France qui l'a élu ne veut pas de cette doctrine ; qu'il suffit de regarder pour voir que le paysan français ne veut rien savoir de la suppression de la propriété individuelle, de la socialisation des instruments de travail ou de l'impôt sur le capital. Je leur rappelle le mot de Seignobos : « On ne vote pas pour quelqu'un, on vote contre quelqu'un. » La France a voté contre le fascisme, elle n'a pas voté pour le communisme… Ils ne veulent rien entendre : les nouveaux chefs, clament-ils, sont condamnés au bouleversement général.

Une chose très instructive est leur fureur à l'idée que je pourrai dire vrai : que réellement les membres du prochain ministère ne feraient point de communisme. Quoi ! Suffoquent-ils, alors ces gens-là renient tous leurs principes ? Tout ce qu'ils disaient avant les élections ? C'est la récente colère d'un journal de droite : « Blum écrit des articles d'une modération incroyable ! Il ne fait pas à la révolution sa part ! » Il est assez comique de voir ces braves gens exiger que le nouveau cabinet exerce cette politique qu'ils abhorrent, l'y bloquer ; tout cela d'ailleurs est très logique, puisque si ce cabinet n'est pas révolutionnaire, ils n'ont aucune raison avouable de la haïr, de travailler à sa chute. Je leur dis encore : « Vous avez toujours soutenu que vous ne haïssiez point la République, mais vous demandez la République "propre et honnête". Vous l'avez, cette République ; aucun membre de la nouvelle direction socialiste et même communiste n'a trempé dans l'affaire Stavisky. Le nouveau personnel est indemne de toute corruption... » Cette remarque les émeut très peu.

La vérité, c'est que ces gens-là haïssent la République quelle qu'elle soit, la République « propre et honnête » tout comme l'autre. Et surtout que leur crainte du communisme n'est qu'un prétexte ; qu'un gouvernement non-communiste, mais décidé à faire respecter les principes démocratiques, leur est odieux ; qu'ils ne veulent à aucun prix qu'on abolisse des privilèges scandaleux, des inégalités monstrueuses, qu'on chasse des hauts postes de la France des fonctionnaires, nettement républicains ; qu'en un mot, ils sont parfaitement fascistes.

On s'en doutait, mais maintenant la preuve en est faite. Encore qu'ils continueront de nier et qu'il n'y ait rien à faire contre la mauvaise foi — du moins par la parole.

Julien Benda

N° 1224 — 9 JUIN 1936

[...]

Ce jour-là, notre collaborateur relève un article violemment anticlérical paru dans *Le Populaire* et le fait précéder de quelques lignes suivantes : « Nos lecteurs ont lu dans *L'aube* d'avant-hier le discours du pape contre le communisme. Ce qui explique et justifie les réserves de l'Église, ce ne sont pas les programmes politiques et économiques, mais l'anticléricalisme persistant de certains milieux de l'extrême-gauche et l'athéisme foncier de certaines doctrines. Cet article de Mmes Fouchère (*Populaire*) sur un rapport de M. Gaston-Martin est un exemple frappant de cet état d'esprit que nous ne saurions trop déplorer. »

Disons-le tout net : ce texte de cinq lignes, paru dans un coin de journal, est évidemment imparfait et insuffisant. Néanmoins, il apparaît que l'*Écho de Paris* le résume tendancieusement en affirmant que « si le Souverain Pontife a condamné le communisme, c'est simplement à cause de son anticléricalisme ». *L'Écho de Paris* souligne, laissant croire ainsi qu'il cite. Eh bien ! non ! Même dans cette phrase quelque peu imprécise, maladroite, il est encore dit que c'est à cause du matérialisme « de l'athéisme de certaines doctrines » que le programme politique et économique du communisme est condamné.

D'ailleurs, combien d'articles ont affirmé, chez nous, sous les signatures des directeurs responsables que le « régime soviétique nous paraît en contradiction flagrante avec tous les principes d'une saine économie », etc. Au reste, peu importe, il nous suffit de penser que ces lignes aient pu créer quelque équivoque chez un lecteur mal informé de nos positions les plus réfléchies pour que nous tenions à saisir l'occasion qui nous est offerte de redire notre absolue volonté de nous conforter toujours, scrupuleusement à toutes les directives qui nous viennent de l'autorité religieuse ? Nous croyons donc que pour un vrai catholique la soumission doit être totale, joyeuse, reconnaissante. Nous laissons à d'autres les attitudes réservées, réticentes, bougonnes. Notre obéissance n'est pas non plus servile, mais filiale. Quand le Père commande, les fils doivent d'abord obéir, en même temps ils s'efforcent de mieux comprendre, de pénétrer leur pensée de la pensée du Père afin d'être en mesure de justifier devant le monde les ordres qu'ils ont reçus.

Avons-nous toujours réussi dans nos intentions ? Qui oserait se prévaloir d'une semblable assurance ? Sera-ce l'*Écho de Paris* ?

Que nous ayons commis des imprudences, des erreurs, c'est possible. Dans es temps troublés que nous traversons et dans une telle mêlée, personne n'est assuré d'une perfection sans défaillance. Si nos censeurs de la place de l'Opéra n'avaient jamais donné de pires scandales que les nôtres, il y aurait peut-être moins de trouble dans les esprits ! Si donc il s'agissait de nous, nous nous inclinerions. Pape veut dire Père. Mieux que tout autre, en maintes occasions, j'ai pu constater que nul n'est plus Père que Pie XI. Quand le Pape se montre sévère, c'est qu'il a auparavant épuisé tous les trésors de sa patience et de sa charité. Pendant plus de quatre mois, avant de condamner, il a attendu de l'Action française la parole de sincère soumission qui lui aurait permis de pardonner.

Je remercie donc l'*Écho de Paris* (sans examiner pour le moment, s'il était bien qualifié pour nous donner semblable leçon, sans me préoccuper de savoir si l'aube a été visée), de m'avoir fourni l'occasion de redire hautement et clairement notre inébranlable fidélité à toutes les directives qui nous viennent du Siège de Pierre. Il me restera à dire demain quelles lumières et quelles forces nous trouvons dans l'enseignement de l'Église, dans les directives des Papes, pour poursuivre notre action, même sur le terrain civique et social où notre seule responsabilité se trouve engagée.

Plus que jamais je répéterai le propos qui a été souvent entendu de la bouche des adversaires eux-mêmes, reprochant aux catholiques moins d'être trop catholiques que de ne l'être pas assez, moins de se conformer trop rigoureusement aux préceptes de la morale chrétienne que de ne pas suivre assez scrupuleusement les grandes directives des Papes.

Ce n'est pas par des petites habiletés ou d'humiliantes lâchetés que nous donnerons confiance dans nos personnes et nos programmes. Un catholique est nécessairement un catholique d'abord.

Francisque Gay

N° 1126 — 11 JUIN 1936

Premières réalisations

Par une ironie assez âpre, bien naturelle pourtant, les premiers soucis du Front populaire lui seront venus du monde ouvrier. La flambée de grèves brusquement soulevée dans la métallurgie parisienne, s'est étendue ne quelques jours au point de gagner dans tout le pays tous les métiers et de devenir un immense incendie.

Que ce soit là pour le ministère Léon Blum un événement fâcheux, c'est une évidence. À vouloir s'opposer à ce mouvement, il briserait net l'élan qui vient de le porter au pouvoir. Et Front populaire serait irrémédiablement rompu et les masses d'autant plus cruellement déçues que fut plus grand leur enthousiasme, ne pourraient désormais que laisser faire les agitateurs fascistes ou même les suivre. Comment d'autre part assister sans inquiétude à un tel arrêt de la vie économique, accompagné trop souvent, sinon de violences, du moins d'illégalités ? Tout cela les chefs socialistes le voient et nul ne songe à les rendre responsables de l'état des choses actuel.

Le mouvement viendrait-il de la CGT ? Elle l'eût dans ce cas préparé à l'avance et au grand jour. Elle eût eu soin surtout, comme lors des grandes grèves de 1920, de lui assurer un caractère d'ensemble avec un but nettement désigné. À vrai dire, cette épidémie de mouvements sociaux, surgis par contagion et en dehors de tout mot d'ordre officiel ne peut que nuire à la discipline du mouvement ouvrier et au prestige de la CGT. Cela seul suffit à nous faire admettre qu'elle a dû en être désagréablement surprise. À la réflexion, on s'aperçoit d'ailleurs que son intérêt n'était nullement de mettre en posture délicate le gouvernement nouveau et de ruiner par avance l'autorité d'un pouvoir de qui elle pouvait tant espérer.

Serait-ce donc vers les communistes qu'il nous faudrait nous tourner ? Pas davantage croyons-nous. Ne s'occupaient-ils point, il y a quelques jours encore, à former un groupe de députés de Paris en vue de rendre à la capitale son activité économique et d'y développer le tourisme ? Eux aussi savent fort bien quels dangers représenterait pour eux la rupture avec le Front populaire. Toute leur application est depuis quelques mois d'y faire entrer et d'y maintenir les radicaux. On conçoit combien toute menace de troubles vient les gêner dans cette tâche. Redevables de leurs succès à une fidélité ostentatoire à une discipline du Front populaire, comment auraient-ils pu soumettre si brusquement cette formation à une épreuve si dangereuse, avant d'en avoir tiré aucun profit, d'en avoir reçu aucun prétexte ?

À vrai dire, le caractère même du mouvement et son expansion en foyers multiples, allumés presque en même temps, l'unanimité des grévistes dans l'élan, leur discipline dans l'exécution, tout cela suppose une étrange ardeur et nous prouve à nouveau ce que les élections nous avaient déjà montré, qu'il régnait dans les masses ouvrières de la région parisienne une tension d'esprit extrême. C'est elle qui nous explique sans doute la naissance spontanée du mouvement et sa rapide croissance en quelques jours.

Aucune action étrangère n'est-elle venue s'y ajouter ? C'est une question plus délicate. La brusque rupture des pourparlers décidée par le patronat de la métallurgie, l'étrange suppression des journaux parisiens favorables à la mise en circulation des bruits les plus dangereux, les tergiversations diverses de l'Action française, tout cela amène à se demander si des adversaires du gouvernement n'ont pas essayé, par une action concertée ou non, d'augmenter ses difficultés. Le Front populaire s'en est tiré comme il pouvait. Proclamant sa sympathie pour les ouvriers, il s'est efforcé de hâter la fin des grèves par la promesse d'une prompte satisfaction et en attendant d'obtenir qu'elles se déroulent dans le calme. Les chambres vont donc être invitées à voter sans délai la semaine des quarante heures, les vacances payées, l'établissement de contrats collectifs. Réformes importantes, souhaitables, sans doute, mais qu'il faudra voter sous la pression des faits, sans pouvoir en régler la mise en pratique ni en calculer les suites possibles.

Les défauts de cette méthode de travail sont évidents ; évidente aussi la nécessité politique d'y recourir. Ainsi la politique fera-t-elle sentir toute sa force à ceux qui prétendaient lui échapper. Aux réformes longtemps étudiées en dehors d'elle, c'est elle qui donnera l'être. Nous ne saurions nous en étonner. Une réforme, en effet, ne peut demeurer objet de dissertation ; le moment vient tôt ou tard où ce qui fut longtemps simple idée doit prendre corps et pénétrer dans le domaine des faits. Cela se produit toujours en un point donné de l'espace et du temps, au milieu de circonstances concrètes qui commandent notre action et lui donnent son caractère. Or, l'action dans le concret qu'est-ce autre chose que la politique ?

La politique certes a ses servitudes : qui s'y donne apprend bien vite à ses dépens qu'une réforme importante lèse toujours des intérêts prêts à se défendre et se réalise ainsi dans une atmosphère de lutte, mais à elle en revanche s'attache la gloire des réalisations.

Point de profit sans risques courus. Puissent les démocrates d'inspiration chrétienne s'en souvenir à temps. Rien ne sert de rappeler qu'il a inscrit une réforme à son programme lorsqu'on n'a jamais voulu détacher sa cause de ceux qui rendaient cette même réforme impossible.

Joseph Hours

TABLE DES MATIÈRES

CPSIA information can be obtained
at www.ICGtesting.com
Printed in the USA
BVHW030549210721
611889BV00002B/109